한반도 경제학

한반도 경제학

ⓒ 안승길, 2022

초판 1쇄 발행 2022년 5월 1일

지은이　안승길
펴낸이　이기봉
편집　좋은땅 편집팀
펴낸곳　도서출판 좋은땅
주소　서울특별시 마포구 양화로12길 26 지월드빌딩 (서교동 395-7)
전화　02)374-8616~7
팩스　02)374-8614
이메일　gworldbook@naver.com
홈페이지　www.g-world.co.kr

ISBN　979-11-388-0891-0 (03300)

반 대 를 반 대 하 라

MZ세대와 미래세대를
위한 통일 설명서

한반도
경제학

안승길 (S.K. AHN)

좋은땅

나의 기쁨, 태영·유영에게

프롤로그 - 미완의 숙제 ·· 9

1부 분단이 주는 것들

1장 통일을 반대하다

1. 왜 하나가 되어야 하는가? ·· 14

2. 우리가 가난한 북한을 지원하고 부양해야 하는가? ·············· 18

3. 통일은 꼭 지금이어야만 하는가? ······································ 19

4. 강국이 되면 좋은 점들 ·· 20

5. 기존 통일 이론의 고찰과 대안 ··· 23

2장 반대를 반대하다

1. 집값 ··· 26

2. 지역편차 ··· 30

3. 주식 ··· 32

4. 지속성장과 저출생 해소 ·· 35

5. 일자리 확대 ··· 36

6. 여행사업 확대 ·· 38

7. 국경개발 ··· 39

8. 사상의 자유 확대 ·· 40

9. 징병제에서 모병제로 ·· 41

10. 사교육 문제해결 ·· 44

11. 북한 핵기술 평화적 보존 ·· 45

2부 해야 한다면 전략적으로

1장 분단의 기원

1. 망국 ·· 49

2. 식민과 해방 ··· 50

3. 전쟁 ··· 51

4. 고착 ··· 51

5. 기회의 상실 ·· 52

6. 다시, 주어진 기회 ·· 54

7. 분단의 교훈 ·· 55

2장 전략적 통일론

1. 경제력 신장 ·· 58

2. 군사력 확대 ·· 59

3. 3지속론 ··· 63

　자유왕래(국경개방·여행자유), 대북투자(경제균형), 교류(체육·문화교류) 지속

4. 3단계론 ··· 63

　문화통일 ⇒ 경제통일(공통화폐) ⇒ 정치통일(사상의 자유경쟁 및 국민 선택)

5. 정치통일의 방법 ··· 65

6. 대외환경의 적극적 활용 ·· 69

　1) 바이든 행정부의 등장

　2) 한반도 운명의 주인으로

3부 통일 후에 오는 것들
코리아의 더 나은 미래

1. 하나가 되는, 더 커지는 코리아 ················· 74

2. 완벽한 상호보완 ························· 74

3. 통일로 저성장 늪 돌파 ····················· 75

4. 북한 인구 증가 통한 저출생·인구감소 문제 해결 ··········· 75

5. 개발 청사진 ··························· 76

6. 중국, 러시아, 유럽으로 이어지는 철의 실크로드 ············ 78

7. 동북아시아 문화강국·도덕적 선진국 ················· 80

8. 동북아시아 경제·군사 강국 ···················· 82

9. 남+북+해외동포 웅비 (열린 민족주의) ··············· 84

10. 진정한 한민족 시대 구현 ···················· 86

에필로그 - 너의 코리아는 나의 코리아보다 더 빛날 것이다. ········ 88

부록 - 통일과 관련된 추가적 아이디어 ················ 91

프롤로그 - 미완의 숙제

우리는 강한 민족이다. 그렇지 않으면 수많은 외세의 침략, 학정, 강제 합병, 분단과 전쟁, 독재 속에서 다시 일어서지 못했을 것이다. 이 모든 것을 이겨내고 선진국의 문턱에 왔다.

우리는 지난 100년간 4대에 걸쳐 수난을 당했다. 이른바 수난 4대다. 조선말 붕당정치, 파벌과 당쟁, 부패로 얼룩져 백성들은 착취·수탈당했고 결국 일본에 나라를 빼앗겼다. 종군위안부를 비롯해 강제징용 등 식민시기에 죽어 나간 사람이 헤아릴 수 없고, 끝내 스스로의 힘으로 독립하지 못한 탓에 미·소 냉전에 휘말려 나라가 두 동강 났다. 같은 민족끼리 서로 살육하는 비극적 전쟁을 거쳐 남북은 일란성 쌍둥이처럼 각자의 독재체제를 공고히 구축하게 된다. 그사이 수많은 사람들은 본인이 왜 죽어야 하는지 이유도 모른 채 죽어 나갔고, 슬프게도 우리 할아버지, 할머니, 아버지, 어머니들은 그런 야만의 시대를 오롯이 살아내야 했다.

그리고 그 상처는 오늘날도 계속되고 있다.

우리 머릿속을 지배하는 강력한 트라우마이자 유령 - 식민, 분단, 전쟁, 독재의 상처와 그에 파생된 문화 잔재 - 그 상처의 다른 이름이다.

그것은 아마 우리가 통일을 이루고 수세대가 지나야 아물 수 있는 상처일지도 모른다. 아직도 현재 진행형인 분단체제는 오늘날까지도 지속되며 우리에게 전쟁의 공포를 수시로 되새기게 한다.

우리는 언제까지 이렇게 살아야 할까?

우리 아이들에게 더 이상 이러한 분단된 조국, 반쪽의 나라와 전쟁의 공포를 물려줄 수는 없지 않은가? 선조들의 과오로 우리는 분단된 조국에서 살았고, 그곳에서 생을 마치겠지만, 우리 아이들이 살 조국은 달라야 한다. 통일된 조국의 산하를 누비고, 부산에서 파리까지 유라시아 대륙 열차를 타고 횡단할 수 있는, 하나 된 코리아, 더 큰 코리아여야 한다. 대륙과 해양으로 동시에 뻗어 나가는 장보고의 시대, 발해의 시대여야 한다.

그런 미래를 꿈꾸며 미력하나마 미래 세대에 하나 된 코리아의 청사진을 제시하고, 그 길을 안내하고자 한다. 미래세대가 그 길을 따라 힘차게 달려 나갈 수 있도록.

통일을 반대하는 이들과 통일의 필요성을 느끼지 못하는 사람들이 많이 늘고 있다.
그러나 깨달아야 한다. 통일은 우리 의사와 상관없이 두 동강 난 나라를 다시 하나로 합치는 것이요, 잃어버린 반쪽을 다시 만나는 길이다. 내 몸의 반이 잘려 나갔는데 남은 반쪽으로 살다 보니 어느덧 익숙해져 다른 반쪽을 포기해 버리는 것은 아닌지 되돌아봐야 한다. 분단된 채로 너무 많은 시간이 흘러가 버려 이제는 분단되었다는 사실조차 망각하게 된다. 분단에서 오는 엄청난 손실을 그냥 원래 그랬던 손실로, 처음부터 없던 손실로 여기며, 결국 무뎌지게 된다. 그냥 이대로 변화 없기만을 바라게 된다. 비극이다.

우리의 반쪽이 얼마나 중요한지, 하나가 되었을 때 얼마나 더 멋질 수 있는지를 알게 되면 누구도 반쪽으로 남기를 원하지 않을 것이다. 우리가 잃어버린 소중한 보물을 다시 되찾아 오자. 되찾아야 할 소중한 보물은 북한이라기보다는 하나 된 코리아다.

우리는 강한 민족이다. 무수한 시련을 겪었지만 우리는 끝내 살아남고, 다시 일어섰다. 이제 맞추지 못한 마지막 퍼즐 - 통일이라는 숙제를 해야 할 시간이다.

한반도의 더 나은 미래를 꿈꾸며
2022년 3월
일산 서재에서 안승길

1부 분단이 주는 것들

1장 통일을 반대하다

1. 왜 하나가 되어야 하는가?

많은 사람들이 말한다.

꼭 통일을 해야 하는가? 난 지금 이대로도 좋다. 통일을 위해 북한에
퍼 주거나 지원할 돈으로 우리 국민을 위해 쓰라.

다 맞는 말이다. 백번 옳다. 하지만 사람들은 절반의 진실만 본다. 분
단체제가 유지되기 위해서 어마어마한 국방비와 기회비용, 민족적 에너
지가 낭비되고 있음을 모른다. 이처럼 존재조차 모른 채로 낭비되는 것
이 "분단비용"이다.

표1. 분단비용 항목(예시)

분단 비용	유형	군사비	병력 운용/유지비
			장비구매
			개발/보수/연구비
			각종 훈련비
		외교비	각국 공관/인력 이중운용
			유엔/각종 국제기구에서 이중운용
			외교무대에서 체제경쟁 사용 비용
		경제비용	물류망 차단
			자본/천연자원/노동력 교류 차단
			국토효율사용 차단
			양질 교육기회 상실
		국가신용등급 저평가	전쟁 위협으로 인한 국제신용평가기관의 국가신용등급 저평가
	무형	정신적	남과 북이 서로에게 갖고 있는 증오심, 전쟁 위협, 이념적 갈등 등 사회·심리적 손실과 폐해
			이산가족의 고통·아픔
			북한의 인권문제
		문화적	군사문화에 따른 획일적, 규율적 문화 / 창의성 자율성 상실
			준전쟁상태 지속에 따른 긴장/공포
			북한의 군사중심·획일화 문화

※ 분단비용 항목들 [통일부 국립통일교육원 자료 참고]

우선 통일연구원에서 정의한 분단비용이 개념을 잘 정리·설명해 주고 있어 인용해 본다.

　　분단비용은 유·무형의 비용으로 구분될 수 있다. 유형의 분단비용으로는 무엇보다 군사비와 외교비를 들 수 있다. 물론 군사비와 외교비 자체는 분단과 상관없이 하나의 국가로서 당연히 감당해야 하는 부분이지만, 정전상태에 있는 남북한의 경우에는 분단으로 인해 부담하는 비용이 상당 부분 추가되어 있다. 남북한이 보유한 군사 장비는 물론 정규병력과 예비병력, 군사훈련 등에 투입하는 비용 중 통일이 된다면 감축할 수 있는 부분이 적지 않을 것이다. 외교비 또한 국제무대에서 남북한 체제 경쟁에 투입되는 비용이 적지 않으며, 북한의 핵 문제,

인권문제로 유엔에서 벌이고 있는 외교적 공방도 통일이 되면 더 이상 하지 않아도 될 것이다.

분단으로 인한 경제적 기회비용의 상실 또한 유형의 분단비용에서 큰 부분을 차지하고 있다. 이중에서도 대표적인 것은 물류망 연결이다. 남북한이 분단되지 않았더라면 한반도는 대륙과 대양을 연결하는 가교 역할을 할 수 있었을 것이다. 그러나 지금의 남북한은 섬보다도 못한 불리한 여건 속에서, 물류망 연결로 얻을 수 있는 편익을 누리지 못할 뿐만 아니라 막대한 추가 비용을 감수하고 있는 상황이다. 통일이 될 경우 예상되는 규모의 경제 효과라든지, 국토 이용의 효율성 제고, 남북한 경제의 유기적 결합 등의 경제적 편익 또한 통일이 될 때까지는 기회비용의 상실로서 분단비용에 포함된다.

무형의 분단비용으로는 이산가족 문제, 북한주민들의 인권, 북한이탈주민 등 인도적 측면의 여러 가지 항목들이 포함된다. 또한 정치적·군사적 대치 상황으로 인해 남과 북이 서로에게 갖고 있는 증오심, 전쟁 위협, 이념적 갈등 등 사회·심리적 손실과 폐해도 분단비용에 포함되어야 할 것이다.

이러한 무형의 분단비용은 수치로 계량화하는 것이 불가능하지만, 우리 사회에 미치는 부정적 영향은 막대하다. 전쟁위협과 같은 경우에는 국제신용평가기관의 국가신용등급 평가에 부정적 영향을 미치고, 이는 우리 경제에 직접적 손실로 다가오기도 한다. 특히, 경제적 측면

의 분단비용은 통일 이후 집중적인 투자로 어느 정도 회복이 가능하지만, 사회·심리적 폐해는 이를 극복하는데 훨씬 더 긴 기간을 요할 뿐만 아니라, 이산가족 문제와 같이 시간이 지나면서 회복이 불가능한 경우도 있다. 다만, 무형의 분단비용이 그 성격상 우리의 눈이 보이지 않고, 수십 년간 지속되어 오면서 무감각해지기도 해서, 우리가 이에 대해 별 문제의식 없이 지내고 있을 뿐이다.

이처럼 우리 사회가 매년 부담하는 분단비용은 수치화 할 수 없을 정도로 어마어마한데 단순히 보수단체에서 주장하는 북한 퍼 주기 등 통일비용을 근거 없이 부풀려 통일에 대한 막연한 거부감을 조성하는 행태에 현혹되어서는 안 된다. 천문학적인 국방비와 북한개발기회 상실, 대륙과의 차단 등으로 우리가 잃는 기회비용은 천문학적이다. 분단은 민족도 대한민국도, 북한도 모두 무조건 지는 게임, 잃는 게임이다. 손해 보는 장사다. 이를 계속할 이유가 없다.

주식에 비유하자면 통일비용은 통일코리아라는 '초저평가주'에 '장기투자'하는 비용 - 대출시 이자비용이다. 반면 수익은 수십 배에 이른다. 보수단체의 통일비용 부풀리기는 통일이라는 거대한 게임을 초단타 혹은 단기투자게임으로만 판단하기 때문이다. 통일은 장기게임이며, 안전마진이 보장된 대박게임이다. 초저평가 우량주에 중·장기투자하면 반드시 큰 수익을 얻는다. 통일코리아라는 초저평가 우량주에 투자하자, 장기투자로!

2. 우리가 가난한 북한을 지원하고 부양해야 하는가?

- 통일은 가난한 북한을 우리가 지원하고 부양하는 것이 아니다.
- 중국·베트남처럼 "투자"의 개념으로 접근하라.
- 물론 "투자"에는 초기비용이 들지만, 그에 따른 수익이 생긴다.

통일은 고수익을 위한 "투자"다. 과거 베트남과 중국, 동남아 국가에 투자하는 것이 그들 국가를 부양하고 (무상)지원하는 것 - 이른바 "퍼주기"였던가? 한번 생각해 보자. 북한투자비용은 밑 빠진 독에 들이붓는 매몰비용이 아니다. 어디까지나 엄연한 "투자"다. 그것도 고수익을 안겨다주고, 당위에서도 명분 있고, 남북이 Win-Win할 수 있는 최선의 카드다. 저개발 국가에 투자해서 저임금 노동력으로 인프라를 짓고 그 이용료를 장기간 받아 투자금을 회수하는 것처럼 투자-회수의 비용으로 보면 간단하다. 게다가 같은 민족을 위한다는 당위까지 더해지니 얼마나 좋은가?

남북한이 평화교류기에 본격적으로 접어들게 될 때, 북한투자 펀드 혹은 북한 인프라투자 펀드가 출시되면 과거 2000년대 초중반 불던 중국펀드 열풍 못지않은 인기를 얻으며 투자자에게 큰 수익을 안겨줄 것이다. 따라서 북한에 대한 지원을 우리는 이제 '비용'이 아닌 "투자"의 개념으로 접근해야 하고, 더 이상 퍼주기, 무상지원 등의 용어로 북한투자를 왜곡하는 일이 없어야 겠다.

3. 통일은 꼭 지금이어야만 하는가?

"지금은 통일이 싫다. 내가 죽고 난 후 혹은 아주 먼 훗날 통일이 되면 좋겠다."

흔히들 하는 얘기이고 젊은 세대에게서 많이 들어오는 얘기다.

왜 통일은 지금이어야 할까?

답은 간명하다. 통일은, 70년간 계속 미뤄 온 숙제임은 둘째 치더라도, 성장동력을 잃어버린 지금의 대한민국에게 큰 기회의 장을 열어주기 때문이다. 지금 저성장의 늪에 빠져버린 대한민국에게 '통일'은 분명 기회의 장이다. 더 늦으면 중국이 투자 기회를 다 가져가 버릴 수 있다.

지금 내 앞에 훌륭한 요리재료가 있고, 그것으로 멋진 요리를 만들기만 하면 된다. (그 요리를 만드는 과정도 즐겁고, 심지어 내가 먹거나 내가 사랑하는 사람을 위해 줄 수도 있다!! 행복감은 당연히 따라온다.)

그런데 그것을 계속 나중으로 미루다가는 그 요리재료가 다 썩는다. 왜 미루는가? 미루어야 할 이유가 있는가? 이미 좋은 재료가 모두 준비되었는데 그것을 마다하고 당장 먹을 수 있는 인스턴트식 간식으로 만족할 것인가? 요리를 하는 데 드는 시간과 노력(통일비용)이 무서워 요리재료를 썩혀 버리는가? 조금 시간과 노력을 투자해서라도 고급 요리를 만들어 먹는 게 더 낫지 않은가?

대한민국의 한계는 조금씩 나타난다. 성장률 저하, 인구문제(인구감소/출생율 저하) 등은 한국경제를 장기적으로 침체시킬 수 있는 큰 위협요인이 되고 있다. 이를 한방에 해결해 주는 것이 통일이다. 북한에 대한 투자로 경제성장률을 적극 견인하고 북한 동포들의 유입, 왕래 및 이주 등을 통해 출생율 증가(이는 자연히 장기적 인구 증가로 이어진다)를 통해 인구 감소도 막을 수 있다. 따라서 통일로 가는 과정을 더 지체할 이유가 없다.

4. 강국이 되면 좋은 점들

통일이 되면 남한 5천만 + 북한 2천5백만 + a(출생율 증가 등)로 20~30년 내에 총인구수 1억도 바라볼 수 있다. (사람이 많으면 인구밀도도 높아 불편한 점도 많지만 우선 긍정적 면을 보자. 인구수 1억은 강대국의 기본조건이다.) 인구 1억은 충분한 내수시장을 형성하기에 미·중 무역다툼 등 무역 한파나 글로벌 경기침체에도 내수시장으로 이를 버텨 낼 수 있게 해준다. 군사적으로도 마찬가지다. 인구대국은 군사대국의 선결 조건이다. 전쟁은 총력전이기에 인구대국이 군사대국이 될 확률이 높다. 물론 전략과 경제력, 문화의 힘이 뒷받침되어야 한다. 다만 그것은 충분조건일 뿐 필요조건은 인구다. 굳이 우리나라가 꼭 강대국이 되어야 할 필요는 없지만 기왕이면 (평화를 사랑하는) 강한 나라의 국민으로 살면 좋지 않을까?

미국 국민은 세계 어느 나라에 가도 최우선의 대접을 받으며, 자국어를 마음대로 사용해도 불편함이 없다. 오히려 방문국가 국민들이 영어가

가능한 사람을 찾아 서로 도와주려고 한다. 기생충의 아카데미 작품상 수상 이전에 미국사람들은 자막 있는 외국영화를 보는 것도 불편해했다. 참 자국편의주의적인 일이지만 오직 초강대국 미국이었기에 가능했던 일이었으리라. 미국민들에게는 사건사고가 나도 조국이 맨 먼저 나를 구해 주리라는 믿음과 기대가 있다. 영화를 봐도 (물론 미국 영화지만) 타국에서 납치, 테러당하면 언제나 최우선으로 보호되고 구해지는 것은 미국인이다. (미국인을 구하는 과정에서 이름 없는 현지인들은 무수히 희생되지만 엑스트라처럼 금방 잊힌다. 조국이 강한 나라라서, 조국이 부자나라라서 가능한 것이다.)

이번 코로나19사태 초기 우한에 고립된 우리 교민을 구하러 전세기를 띄우는 과정에서 우리나라도 선진국, 강대국의 대열에 들어서고 있다는 희열을 느꼈다. 교민이 위기에 처하면 국가가 외교력, 경제력 등 힘을 동원해 교민을 구하러 온다는 작은 희망을 보았다. 예전 같았으면 (특히 과거 권위주의 정부시절에는) 우왕좌왕하거나 신속한 대응을 하지 못하였을 것이다. 교민 전세기는커녕, 국내적으로 과거 메르스사태 같은 부실대응으로 확진자가 몇백 배는 더 발생하고, 한국 전체가 봉쇄되었을지도 모른다. 브라질처럼 되지 않으리란 보장도 없다. 훗날 국민들은 코로나19 위기 당시에 다른 사람이 아닌 문재인 대통령이 그 자리에 있었음을 두고두고 감사하게 될 것이다. (적어도 나는 그렇게 생각한다.) 다시 본 주제로 돌아와서, 다른 강대국 국민들이 해외여행에서 국력을 체감하는 것처럼 우리나라도 통일을 이루어 강대국이 되면 우리는 그 혜택을 당장 외국여행에서부터 피부로 팍- 팍- 느낄 수 있을 것이다.

식민시절 올림픽에서 우승했지만 일장기 때문에 고개를 숙여야 했던 고 손기정 옹, 그리고 2,000만의 많은 인구에도 불구하고 조국이 없어 핍박받는 쿠르드족의 비극을 보자. 독립된 국가 없으면 많은 사람들이 희생하고 노력해도 주변 국가들은 그들의 결속을 막고 최대한 이용하려 한다. 식민조선에서 태어나 먹고살기 힘들어 쿠바, 남미, 하와이, 동남아로 이주해 간 동포들이 그곳에서 얼마나 멸시받고 핍박받으며 힘들게 살았는지는 해외동포 2세, 3세들의 눈물이 이를 증명한다. 분단된 조국·가난한 조국의 아들·딸이었던 1970년대 독일 광부, 간호사들은 독일 국민이 3D라 여기던 막장 탄광작업(광부), 시체 닦는 일(간호사)을 하며 힘겹게 살아왔다. 이제 상황이 바뀌어 오늘날에는 캄보디아, 스리랑카, 네팔 등 동남아시아 노동자들이 한국에 들어와 힘든 일을 도맡아 한다. 그 시절 파독 광부·간호사들처럼. 아이러니하게도 역사는 반복되고 유사하게 진행된다.

시대가 많이 변했다. 그때에 비해 많이 강해진 한국이지만 더욱 강한 통일 한국이 되어(통일은 더 완전한 자주독립국가로 귀결된다), 세계 어디서든 당당할 수 있고, 오히려 이민자들이 이민 오고 싶어 하는 나라가 되었으면 한다. 통일된 독일이 그 자신감으로 많은 이민을 받고, 이민자들이 경제성장의 보조 엔진 역할을 하는 것처럼 말이다. 자신을 지켜 주는 나라를 갖자. 나와 내 삶을, 내 가족을 지켜 주는 나라를 갖자. 타 국민에게 착취당하지 않고 당당해지기 위해서는 조국이 강해져야 한다. 그러기 위해 통일이 필요하다. 더욱 강해지기 위해.

5. 기존 통일 이론의 고찰과 대안

1) 분단체제론과 그 극복

분단체제론을 살펴보자, 백낙청 교수가 주장한 분단체제론은 남북이 자본주의, 사회주의 등의 정치제제와 마찬가지로 분단 자체를 하나의 정치체제로 이용한다는 주장이다. 내부통치 효율화를 위해 외부의 적을 강조하는 전략으로 가깝게는 매카시즘 등으로 미·소 냉전시기에 활용되었고, 멀게는 고대 스파르타가 아테네와의 전쟁에서 이를 이용하였다. 남북한은 분단 이후 그것을 이유로 국민을 억압하고 독재체재를 구축해 왔다. 반공, 용공이라는 이유로 민주인사들을 탄압하고 고문·억압하였다. 북한도 정적에게 미국 스파이, 남한 스파이 딱지를 붙여 제거해 왔다. 한국전쟁 이후 남로당 세력과 연안파 등은 모두 미제 스파이로 몰려 숙청되었다. 분단체제의 악습이 여전히 굳건한 북한과 달리 다행히도 남한은 민주화 과정을 거치며 분단체제의 전형적인 모습을 많이 벗어났지만 언제든 그 망령이 되살아날지 모른다.

또한 우리의 의식 속에도 아직 분단체제의 트라우마 및 잔영이 남아 있다. 우리에겐 전체주의, 집단주의, 군국주의 등 위계서열을 중시하고, 개인의 자율과 자유를 잘 용납하지 않으며, 획일화를 강요하는 문화가 만연해 있다. 학교에서 복장 자유화, 두발 자유화가 실시된 것은 그리 오래지 않았다. 전체주의 및 집단주의는 학원 폭력, 군 폭력, 의문사, 왕따, 이지메, 여성·장애인·동성애자·사회적 약자에 대한 차별과 혐오, 조롱 등으로 확대 재생산된다.

물론 이러한 부정적 현상이 꼭 분단국가만의 문제가 아니라고 말해 볼수도 있다. 일례로 미국은 트럼프시대에 '흑인의 목숨도 중요하다(Black lives matter)'는 조지 플로이드 사망 사건이 큰 파장을 몰고 오는 등 아직 흑백문제가 여전하다. 트럼프는 흑백 갈등을 조장함으로써 정치적 지지 세력을 규합하고 이를 정치적으로 이용해 왔다. 하지만 이러한 갈등과 정치적 이용은 우리나라의 분단체제와 같은 직접적인 공포와 트라우마보다는 약한 것이고, 흑백 갈등은 미국의 노예제에서, 그 밖의 문제들은 자본주의의 오랜 모순이 축적되어 나타나는 문제들(빈부격차, 의료보험문제, 총기문제 - 이는 서부개척의 역사/문화와 궤를 같이한다)이라고 보는 것이 타당하다. 물론 미·소 냉전시절의 부정적 유산, 특히 메카시즘이 광풍을 일으켰던 불행한 시절이 있었음을 우리는 기억해야 한다.

한국이 민주화되면서 분단체제론의 한쪽 날개는 서서히 그 효용을 다해가고 있다. 북한에는 여전히 강력한 분단체제론이 작용하고 있고, 선동에 의한 공포정치가 뿌리 깊게 행해지고 있지만 최소한 남한, 대한민국에서는 미약하나마 정상국가, 독립국가로서의 걸음을 조금씩 내딛고 있다. 물론 통일 없이는 완전한 자주·독립국가의 길은 불가능하다. 분단체제의 해체는 북한 민주화와 더불어 통일국가로의 전진에 필요조건이자 충분조건이 된다. 선후의 문제가 아닌 동시 진행의 문제인 것이다.

2) 김대중 대통령의 3단계 통일론

거인의 어깨에서 세상을 바라보다

- 아이작 뉴턴

나에게 그 거인은 김대중 전 대통령이다. 3단계 통일론은 그가 평생을 바쳐 다듬어 온 정책과 통찰의 산물이며, 나의 이 한반도 경제학의 뿌리는 3단계 통일론에 있음을 밝혀 둔다. 이 책에서 김 전 대통령의 3단계 통일론을 창조적으로 계승·발전시키고자 하였다. 여기서는 김 전 대통령의 3단계 통일론을 간략히 설명하고 후장에서 이를 계승·발전시킬 이론을 펼쳐 보고자 한다.

[김대중 대통령의 3단계 통일론]

① 1단계 : 남북연합
- 평화공존·평화교류·평화통일의 3대 행동강령 실현 / 남북 간 화해·협력을 촉진하는 제도적 장치로서의 남북연합 (통일의 물꼬, 통일의 필수조건)
- 남북연합정상회의 / 남북연합회의 / 남북연합각료회의
- 주민의 동의, 남북당국의 정치적 결단만으로 언제라도 진입가능
② 2단계 : 연방제 국가
- 남과 북의 지역자치정부 / 주요내정, 외교와 국방은 연방정부에 귀속
- 통합의 충격완화, 북한의 특수성과 북한 주민의 자존을 존중하여 지역 자치정부를 인정, 북한지역을 일정기간 특별 지원할 필요성
③ 3단계 : 완전한 통일
- 중앙집권제 또는 여러 개의 지역 자치정부를 포함하는 미국이나 독일식의 연방제

자, 이제 이를 잠시 뒤로하고, 본격적으로 통일을 반대하는 논리에 반대해 보고자 한다.

2장 반대를 반대하다

통일(혹은 통일로 가는 과정)을 통해 해결될 수 있는 난제들

지금 대한민국이 당면하고 있는 문제는 무수히 많다. 연일 폭등하는 집값, 일자리 문제(특히 청년실업), 수도권과 비수도권 격차, 빈부격차와 계층갈등, 사다리 걷어차기, 사교육, 복지문제 등 정말 문제가 많다. 그러나, 정말 믿어지지 않겠지만 통일을 이루어 가는 과정에서 방금 언급한 문제의 상당수가 해결될 수 있다. 문제 해결의 핵심열쇠가 통일에 있는 것이다. 이제 하나하나 구체적으로 살펴보자.

1. 집값

우선 집부터 사라

- 피터 린치

한국인에게 유독 "집"에 대한 집착이 강하다. 그것은 역사문화와 연관이 깊다. 조선의 학정과 왜란, 민란… 일제 수탈과 강제이주, 이민, 한국

전쟁 등 그 과정에서 백성, 국민들은 터전을 뿌리 뽑힌 채 집 없는 떠돌이 생활의 설움을 뼛속까지 아로새겼다. 그래서 고정된, 정착된 주거에 대한 욕망이 남다르다. 여기에 1960~1980년대 개발 과정에서의 가난과 집 없는 설움이 확대 재생산되며 "내 집 마련의 꿈"이 모든 것을 압도하는 문화가 고착되었다. 그 이면으로 들어가 보면 거주 공간을 투기 수단으로 보는 세력과 그에 기생하는 무리가 존재한다. 아직도 부동산 규제를 풀고 다주택 세제 감면을 주장하는 정치 세력들은 부동산으로 이미 큰 돈을 벌었거나, (혹은) 벌고 있는 세력이다. 그들은 당연히 자신들을 대변해 부동산 규제를 풀라고 목소리를 높인다.

그렇다면 집값과 분단은 무슨 관계가 있을까? 우선 앞서 언급한 것처럼 국민들이 한곳에 오래 정착하지 못하고 떠돌아다니게 된 강력한 원인 중 하나가 한국전쟁, 그리고 분단이다. 9·28 서울 수복, 1·4 후퇴 등 전선의 이동에 따라 국민들은 끝없이 피난을 왔다 갔다를 반복한다. 그 과정에서 한 곳에 정착하고픈 욕구, 집에 대한 욕구가 커졌음은 당연하다. 개발시대에도 농촌을 떠나 서울로, 도시로 상경하며 안정된 주거 공간 없이 달동네 사글셋방을 전전하던 수많은 서민들의 회한이 전 국민적으로 부동산에 대한 강한 열망으로 변화되었다.

그렇다면 왜 하필 서울을 위시한 수도권인가? 서울 중심주의, 혹은 수도권 중심주의는 조선 600년 한양 중심의 기성세력에 그 뿌리가 있다. 이 세력은 망국 후 일제시절 경성거주세력으로 진화되었고(일부는 경성 총독부 친일부역세력), 해방/분단 후에는 반공세력의 중심부로서 고착화되었다. 특히 강남은 박정희 시절 대대적인 강제 개발을 통해 정·관·재계 유력인사들의 투기의 장이 되었고 오늘날까지 강남공화국이라 불리며 수도 서울의 상징, 대한민국 부의 상징이 되었다. 상당수의 권위주의 세력은 이 시기에 부동산 투기를 통해 큰 돈을 벌었음은 물론이다.

수도권 중에서도 지정학적으로 [경기북부·서울강북]과 [경기남부·서울강남]의 정치적 성향이 다르고 북한에 대한 입장이 다른 것도 지리적으로 설명할 수 있다. [경기남부·서울강남]은 접경지역인 [경기북부·서울강북]과는 다르게 한강 이남에 위치하여 북의 장사정포 사정권 중에서도 조금이라도 멀리 있고 한강이 북한 육군의 초반 진격을 막아 줄 자연철책 역할을 해준다. 일산, 파주, 김포, 의정부 등 경기 북부의 집값이 상대적으로 낮은 이유도 여기에 있다. 전쟁나면 장사정포가 머리 위에서 춤을 추고, 북괴(?)의 탱크가 맹렬히 진격해 지나가는 그곳, 유사시 아파트들을 넘어뜨려 북의 진격을 늦추기 위해 일산 신도시를 개발했다는 찌라시의 말속에는 국민들의 걱정스런(?) 우려에 따른 경기 북부지역 아파트값 디스카운트가 담겨있다. 코리아 디스카운트의 축소판이다.

수도가 서울로 고착된 것은 조선시대 이후 새 나라를 세우지 못했기 때문이다. 새 나라를 세웠다면 지배세력이 교체되어야 하고, 자연히 수도를 새로 정한다. 그러나 우리는 그러지 못했다. 국내성, 평양에서 경주까지 후퇴하였다가 고려 개성으로 북진하였지만 거기서 더 북쪽으로 가지 못하고 한양으로 후퇴하였다. 만주회복을 노리고 중국과 당당히 맞서려면 최소한 평양으로 수도를 옮겨야 했다. 왕건도 서경(평양)을 중시하라고 하지 않았던가. 한양에 자리 잡은 조선 사대부와 그 후손들은 600년 도읍에서 더 나아가, 행정수도 이전을 좌절시키고 헌법개정 없이는 수도를 옮기지 못하는 말도 안 되는 헌재 판결을 내려 그 치욕의 이름을 역사에 영원히 남기고 말았다.

앞서 설명한 바와 같이 조선말의 붕당세력, 세도가, 부패한 양반 집안들이 장악하던 한양은 일제시대 조선총독부가 있던 경성을 지나 지금의 서울로 그 명맥을 유지해 왔고, 터를 잡은 세력들은 친일파, 군부독재 조력자, 신부유층 등으로 그 모습을 바꾸어 가며 오늘에 이르렀다. 국회가 여야 합의로 통과시킨 법을 헌법재판소가 뒤집는 쿠데타적 사건을 보면, 수도 서울을 중심으로 한 600+100년 = 700년 서울 세력의 힘이 거대함을 실감케 한다.

이를 해소할 수 있는 것은 궁극적으로 통일 한국의 수도를 개성 정도로(혹은 파주가 되어도 좋고 판문점이든 그 어디가 되어도 좋다) 이전하는 방법밖에는 없다. 물론 장기 프로젝트여야 한다. 가능한 범위 안에서 단기적으로 세종으로 신행정수도를 재추진하고 장기적으로는 남·북의 협의하에 새로운 통일수도를 천도하는 방안도 가능한 방법일 것이다. 인위적인 수도이전은 극한적 반발을 부를 것이며, 선거로써 응징받을 수 있다. 수도권표가 전 국민표의 50%에 육박한다. 따라서 현재로서는 집값을 연착륙시키며 거품을 서서히 빼야 한다. 그러한 상태에서 경제성장을 통한 점진적이고 안정적인 물가상승이 동반되면 장기적으로 집값을 따라잡을 수 있게 된다. 그것만이 현재 집을 가진 1주택자들의 반발을 최소화하는 방법이자 해법일 것이다.

통일로 가는 길에서는 반드시 서울에 살아야 할 필요가 줄고, 새로운 수도를 중심으로 정치·행정·경제가 집중되며 일자리가 창출되면 인구이동이 자연스레 일어난다. 기존 서울의 인구가 감소하면 주택 수요도 줄어 서울(특히 강남) 중심의 집값은 거품이 빠질 것이다. 교통체증 해소와 쾌적함은 덤으로 얻게 된다. 떨어질 집값 우려에 전전긍긍하며 매일 매일의 교통지옥을 겪으며 높은 인구밀도에 스트레스받을 이유, 전~혀 없다. (실제 극 부유층은 교통체증을 느끼지 못한다. 러시아워에 출퇴근하지 않아도 되고 이미 넓고 쾌적한 주거환경과 그들만의 인프라를 누리고 있기 때문이다) 높은 인구밀도에 따른 부수적 비경제(교통체증)는 오롯이 중산층과 서민의 몫이다. 인구밀도 높은 대도시의 부유층과 빈곤층은 삶의 수준이 극한으로 갈리지만, 인구밀도가 낮은 시골 마을의 부유층과 빈곤층의 삶의 질은 도시만큼 차이나지 않는다. 시골의 빈곤층은 소작을 하며 살더라도 좁지 않은 집, 맑은 공기와 물을 접하며 나름 쾌적하게 살아갈 수 있음을 기억해야 한다. 즉 도시 고밀화를 방지하는 것이 빈곤층의 삶의 질을 개선하는 한 방안이 된다는 것이다. 이는 곧 지역편차 극복이라는 과제를 우리에게 던져 준다.

2. 지역편차

수도권 과밀은 고질적인 문제다. 물론 집적의 효과는 있지만 남한 면적의 1/6밖에 안되는 지역에 전체인구의 절반 이상이 몰려 사는 것은 분명 문제다. 인구집중은 집값 폭등은 물론 교통체증으로 인한 인적·물적

자원 낭비, 물류비 낭비, 고밀화, 난개발, 주차문제 등 수없이 많은 고비용·저효율 문제를 만들어 낸다. 앞서 간략히 언급한 교통·체증 문제, 인구밀도 문제의 연장선이다. 교통이 잘 발달함을 전제로 하겠지만 좀 더 넓은 지역에 여유 있게 삶을 산다면, 2층집·단독주택 등 좀 더 숨 쉴 수 있는 공간이 있다면 우리네 삶은 좀 더 풍요로울 것이다. 주변에 빈 땅이 많은 농촌에도 갑자기 59층 랜드마크를 짓는다고 광고하는 모델하우스를 지나가며 본적이 있다. 59층을 바벨탑처럼 올리느니 주변에 예쁜 단독주택을 많이 짓는 것이 더 나은 선택임이 틀림없다.

수도권, 서울로만 인구와 자원이 몰리는 이유는 선점효과와 분단체제에서 기인한다. 이미 조선시대부터 한양을 중심으로 인구와 자원이 몰렸는데 그것이 확대·재생산되며 그 지위가 공고화된 영향이 크다. 선점 효과와 고착화 현상이다. 또한 분단 체제에서 수도를 휴전선 근처에 유지하면서 북한에 맞서는 대북 전진기지로서의 서울과 수도권에 인계철선의 개념으로 많은 인구와 물자를 지속적으로 집중시킨 것도 그 중요한 원인 중 하나다. 북한의 휴전선 인근 개성이 개성공단 이전까지 군사 전략 요충지였던 것과 묘하게 대비된다. 우리는 인계철선, 북한은 군사기지. 참 아이러니하다.

통일이 된다면, 우리는 다시 백지상태에서 계획적이고, 준비성 있게 전 국토의 균형개발을 추진할 수 있다. 수도 서울을 고집할 필요 없이 개성이나 파주를 통일수도로 하고 서울은 경제중심도시로 발전시키면 된다. 각 지역의 거점도시들을 키워 인구를 분산시키면 집값을 잡을 수 있고, 높은 인구밀도로 인한 스트레스를 줄일 수 있다. 출퇴근을 하며 얼마나 많은 사람이 많은 시간을 길 위에 뿌리는가? 많은 수도권 주민들이 이른바 "길 위의 인생"을 살고 있다. 길에 버리는 시간을 줄이면 피로도와 시간낭비가 줄면서 삶의 질이 높아진다. 즉 통일수도를 새로 정하고 인구를 분산시키는 일은 곧 삶의 질을 높이는 일이 된다.

통일은 지역 불균형 개발을 한방에 이룰 수 있다. 접경지역, 군사 분계지역에 대한 개발은 보너스다. 일부 지역은 개발하되 DMZ는 우리 후손들에게, 그리고 세계인들에게 생태의 보고, 자연보존의 보고로 남기고 보호하자. 그것이 분단이 우리에게 준 유일한 긍정의 선물일 수 있다. 독일도 통일 당시 분계선 지역의 생태를 잘 보존한 사례가 있으니 벤치마킹해 보자. 수도권 공화국, 서울 공화국, 강남 공화국 : 피라미드 모양의 정점에서 상급지로의 사다리에 오르기 위해 영끌하며 애쓰지 말고, 아예 전국토를 상급지로 만들어서 좀 더 여유 있고, 친환경적인 삶을 살아 보자.

3. 주식

주식으로 가장 빨리 1억을 만드는 방법은 2억으로 주식을 시작하는 것이다.

집을 사려면 목돈이 든다. 수억 원~십수억 원이 드는데 20~30대는 큰 빚을 지지 않고서는 사실상 목돈을 마련하기가 어렵다. 따라서 작은 자본으로 손쉽게 할 수 있는 것이 (코인과 더불어) 바로 주식이다. 주식은 IPO를 통해 투자금을 모으고, 기업 활성화와 직결되는 만큼 기업을 통해 부가가치를 연속적으로 창출한다고 할 수 있겠다. 따라서 주식투자는 자본시장에 활력을 불어넣는 것으로서 긍정적으로 평가할 수 있다. 반면 부동산의 경우 개발을 통해 부가가치가 증대하지만 변함없는 부동산(예를 들어 아파트)을 계속 더 높은 가격으로 사고판다고 해서 그 부동산의 본질적 가치가 높아지지는 않는다. 물론 주변 개발의 영향은 받을 수 있는데 그것은 해당 부동산 자체의 고유가치가 높아지는 것이 아닌 주변효과, 부수적 경제효과일 뿐이다. 그래서 부동산 투자는 긍정적으로 평가하기에는 한계가 있다.

비트코인은 더 말할 것도 없다. 추가 가치창출이 없고, 원시시대의 귀한 조개껍질과 다름없을 수도 있다. 본질은 나아지지 않는데 회전거래를 통해 가격은 계속 등락한다. 비생산적이다. 금은 최소한 귀금속, 장신구, 금이빨에라도 쓰이지만 비트코인은 오로지 교환매개체에 지나지 않는다. 가치 저장수단. 가치 창출수단으로 역할하지 못한다. 이러한 비트코인, 기타 코인들의 한계를 잘 알고, 감수하고 투자해야 할 것이다.

다시 주식 이야기로 돌아가 보자. 한국 주식은 지정학적 리스크 때문에 늘 저평가되어 있다. 우리 주식시장 자체 규모가 협소한 데다가 그마저 북핵(북한) 리스크, 지정학적 리스크에 꽉꽉 눌려있어 저평가되고, 그래서 외국인들의 투기 놀이터가 되어 왔다. 북핵(북한) 리스크만 해결되어도 현 수준에서 약 수십 퍼센트는 더 성장할 수 있고, 북한을 성장 동력

화하면 다시 수십 퍼센트를 더 성장할 수 있다고 본다. 세계적인 투자가 "짐 로저스"가 통일을 염두에 두고 한국 주식에 투자하라고 강권하는 이유가 바로 그것이다. 통일의 길목, 그 과정에서 과거 2차 세계대전 후 미국 주식시장에 찾아온 수십 년의 상승 랠리가 우리에게도 올 수 있다.

한국에 장기투자를 기본으로 하는 가치투자가 뿌리내리기 힘든 이유는 바로 한국 주식시장의 큰 변동성 때문이다. 한반도 평화가 정착하여 변동이 줄고, 경제영토가 북한 및 중·러 국경지방까지 넓어져 추가성장의 동력이 불붙는다면 주식시장도 반드시 장기성장하고, 거기에 투자한 젊은이들도 많은 과실을 누릴 수 있다. 따라서 주식시장에서 돈 벌기 위해서라도 통일에 관심을 갖고 통일에 도움이 되는 정책과 정당을 지지하자. 당장의 영끌을 통해 부동산에 투자하면 다주택자의 매물받이가 되어 수십 년간 대출금 상환에 허덕여야 할 수 있다. 통일을 지지하며 통일 관련 주식에 장기 투자해 보는 것은 어떨까? 주식은 반드시 장기 우상향한다.

여기서 한 가지 여담. 주식은 정말 쉽지 않다. 돈을 벌려고 하면 잃고 그냥 묻어 두면 훌쩍 오른다. 여기서 팔아야 할지, 고점인지는 아무도 모른다. 지나고 나면 결과론적으로 고점일 뿐이다. 따라서 예측은 의미 없다. 다만, 객관적 분석을 통한 가치평가는 최소한의 바운더리를, 최소한의 뼈대를 가리키고, 그것을 얻고 미련 없이 나오는 것만이 주식에 성공하는 길이라 믿는다. 5%, 10% 혹은 하루만 더 상한가 먹고 가자고 하다가 다음 날 상폐가 될 수도 있는 것이 주식이다. 반대로 더 기다렸다가 더먹고 나올 수도 있다, 아무도 모른다. 그 누구도 모르기에 사람들은 그 마력에 중독되는 것이고('자기는 다르다'는 위험한 생각), 확률적으로 꾸준히 시장을 이기는, 아니, 시장의 흐름에 함께하는 고수는 자신의 가치평가 기준과 원칙을 지키고, 절제된 수익·목표한 수익을 얻었을 때 미련 없이 시장에서 나온다. 끝내 살아남는 자들도 그들이다.

4. 지속성장과 저출생 해소

- 북한노동력 활용 통한 저성장 관성 탈피 ⇒ 북한투자 활성화로 성장동력 확보 / 연성장 5% ⇒ 저출생문제(인구 감소) 해소(북한과 활발한 인적 교류·자유왕래) 및 젊은층 유입 ⇒ 해외 진출기업의 리쇼오링(국내복귀) ⇒ 개성공단 등 국내기업의 북한복귀 ⇒ 북한경제 선순환 ⇒ 대 북한투자수익 회수 ⇒ 남북한 경제 동반발전

저성장의 악순환을 끊어 내는 것도 통일에 답이 있다. 일자리 창출과 연계되고, 또 북한의 양질의 저렴한 노동력을 활용하면 (동일 언어를 쓰는 강점으로 인한 업무효율은 타국인과 비할 수 없이 높다) 저성장의 늪을 탈출할 수 있다. 북한투자 활성화로 성장동력을 확보하면 연성장 5%대 진입이 가능하다. 과거 중국 및 베트남 등의 성장률과 유사한 수준, 혹은 그 이상의 성장이 북한에서 일어날 수 있고 그 효과 및 과실은 남한과 공유하게 된다. 동남아나 중국 등의 해외 진출기업이 리쇼오링(한국으로 컴백, 정확하게는 북한으로 컴백)하여 북한 경제를 활성화시키고 그 과실도 오롯이 민족이 공유하게 되는 바람직한 선순환 과정이 진행되는 것이다.

그 과정에서 남한의 저출생 문제도 자연스레 해결될 수 있다. 북한의 젊은 인구가 남한으로 유입되고, 북한과의 자유왕래로 남북한 간 결혼, 그리고 출산이 확대될 수 있다. 경제가 한창 성장하는 사회의 출생율은 일정 수준 이상으로 유지된다. 과거 1970~1980년대 한국이 그랬고, 1980~1990년대의 중국도 그러했다. 반대로 감소국면을 보면, 한국은 1990년대에, 중국은 2000년대 들어서며 인구가 감소하기 시작했다. 북한이 중진국으로 올라설 때까지 (북한의) 인구증가는 지속될 것이다. 그 영향으로 (양질의 노동인구 한국 유입 등) 한국에 긍정적 영향은 물론 한반도 전체기준으로 인구가 증가세로 돌아서게 될 것이다. 그 추세로 통일과정이 본격적으로 시작된 때로부터 10~20년 후에는 한반도 인구 1억 명이 가능할 것이다. 후에 이야기할 '인구 1억 명'은 강대국의 조건이다.

5. 일자리 확대

- 북한 투자를 통한 일자리 기회 확대 : 북한개발/건설/금융/서비스/투자/교육/여행/스타트업 등 협업 분야 무궁무진

지금 대한민국은 코로나확대와 저성장 등으로 일자리가 점점 감소하고 있다. 그런 악조건 속에서는 일자리 창출이 어찌 보면 최고의 복지이며 성장동력이다. ("생산적 복지"는 과거 김대중 정부 복지의 핵심 아젠다였다.) 하지만 이러한 일자리(특히 청년일자리, 양질의 일자리)는 현재의 (이제 선진국 문턱에 진입한) 대한민국 내에서는 획기적으로 증대되

기 어렵다.

역설적이게도 답은 북한에 있다. 북한과의 통일과정에서 많은 자본투자가 있을 것이고 그 개발 과정에서 인프라 건설/금융/서비스/스타트업 등 무궁무진한 일자리 수요가 예상된다. 도로, 철도, 교량, 산업단지, 주거단지, 신도시, 발전소, 공장(플랜트)등의 엄청난 개발사업은 수많은 일자리를 창출하며 최소 30년 이상 지속될 것이다. 한 청년 취업자가 은퇴할 때까지의 생애주기 전체에 걸친 기간이다. (30세 취업~60세 은퇴 가정) 이른 바, 통일 수혜세대의 본격 등장이다. 고속성장과 많은 일자리, 투자기회 등으로 풍요로운 '통일 황금세대'가 곧 등장하는 것이다.

북한 주민들에 대한 교육시장, 생필품시장, 북한 중산층·상류층을 위한 백화점, 쇼핑몰 등 많은 상거래 시장도 소비 및 투자의 장이 될 것이며 이에 더하여 잠재력 많은 북한 온라인 전자상거래 시장도 발전 가능성이 무궁무진한바, 새로운 도전을 꿈꾸는 스타트업 인재들에게 기회의 장이 될 것이다.

특히 북한 자본 투자에 파생되는 금융산업은 개발 PJ 파이낸싱에서부터 여러 파생상품, 증권, 채권, 인프라펀드, 보험 등 많은 금융인력을 필요로 하고, 수많은 일자리를 창출하며, 투자자들에게도 지속적인 고수익을 안겨줄 수 있다.

석탄, 희토류를 비롯한 북한의 천연자원개발 및 각종 에너지사업에도 고급인력에서부터 단순 행정업무까지 많은 인력이 필요하고, 다음 장에서 설명할 관광사업 - 백두산, 묘향산, 금강산, 개성, 평양, 원산, DMZ 등 북한 관광 - 에 필요한 관광가이드를 비롯하여 운전원, 상품기획자, 실무 행정가, 역사 해설사 등 관광 관련 많은 일자리를 창출할 것이다.

결국 일자리 측면에서 봐도 통일은 남한의 미취업 청·장·노년층에게 수많은 일자리를 제공해 줄 수 있는 퍼펙트 솔루션이다.

6. 여행사업 확대

- 북한여행 및 중국·러시아·중앙아시아·유럽여행 그리고 철의 실크로드

통일을 반대하는 극보수층도 금강산, 백두산 특급관광을 간다면 좋아할 것이다. 수억 원을 들여서라도 우주관광을 가려는 백만장자가 수두룩하듯이, 70년간 닫힌 지뢰의 장막을 건너서 천혜의 자연을 관광할 수 있다면 그 누구도 마다하지 않을 것이다.

통일과정의 물꼬가 트이면 당장 북한의 금강산 관광은 물론 고려 500년 수도 개성 관광, 묘향산, 평양 관광(고구려 유적지 탐방) 백두산 케이블카, 개마고원 트레킹, 원산 갈마 스키장 등 수많은 관광명소와 평양냉면, 함흥냉면, 대동강 맥주 등 수많은 먹거리, 지역 탐방 등으로 대북 관광산업은 획기적으로 성장할 것이다. 좀 더 부유하고 워라밸을 중시하는 대한민국 국민들은 안전만 보장된다면 북한 명소 탐방, 북한 맛집 기행에 돈을 아끼지 않을 것이다.

국내 여행지는 이미 포화상태에 이르렀지만 자유여행만 허락된다면 북한은 십수 년간 관광자원으로서의 개발가치와 여행가치가 충분한 곳이다. 적은 자본으로도 국내여행 같은 해외여행, 해외여행 같은 국내여

행을 누릴 수 있는 곳이 북한여행이다. 북한은 그러한 관광수입으로 가난에서 벗어나고 인프라 확충 자본을 마련하며, 개발사업의 시드머니로 활용할 수 있다. 민족 전체의 파이가 커지는 Win-Win 게임의 대표적 사례다. 코로나로 침체된 국내 관광산업에도 더없이 좋은 기회다. 말이 통하니 통역도 필요 없다. 관광지 개발로 건설업에도 도움이 된다. 아니 이보다 더 좋을 수가 없다.

국제여행 상품도 획기적으로 늘어날 수 있다. 해외에서도 한국만 달랑 왔다가는 것이 아닌, 북한-남한 크로스 투어 상품, 혹은 중국-북한-남한-일본 횡단여행 상품 등 다양한 상품군이 출시될 수 있다. 국내에서는 부산이나 목포, 해남에서 파리, 베를린행 유로레일 티켓을 끊고 유라시아 대륙을 기차로 횡단할 수 있다. 평양, 베이징을 거쳐 실크로드를 기차로, 자동차로 탐방할 수 있다. 끊어진 대륙과 연결되는 것은 바로 철의 실크로드가 연결되고 아시안 하이웨이가 완성될 때 이루어진다. 경이롭지 아니한가!! 길을 연결하는 것은 고구려 이래 잃어버린 대륙의 기상을 다시 되찾는 것이다. 그러면 대륙과 해양으로 동시에 뻗어나가는 진정한 반도국가로서의 르네상스가 시작된다. 진정 가슴 벅찬 일이 아닐 수 없다.

7. 국경개발

- 두만강, 압록강, 나진-선봉 등 중·러 국경 통합개발로 많은 부가가치 창출

우리는 분단으로 국경이라는 개념을 상실했고, 섬처럼 단절된 삶을 살

아왔다. 유럽의 나라들처럼 이웃나라 국경을 자유롭게 넘나들고, 교류할 기회를 상실한 채 70년의 세월을 살았다. 통일이 되면 중국국경을 자유롭게 왕래하며 육로로 여행하고, 러시아 국경을 유로레일 기차를 타고 넘나드는 것이 현실이 된다. 자연히 접경지역인 신의주, 두만강의 나진-선봉지역 등은 국제 무역 및 거래 교역의 중심지로 발돋움한다. 또한 인접 국경을 중·러와 도로/교량 인프라 건설, 석유/천연가스 수송관 등 에너지 파이프라인 개발을 공동으로 진행하며 Win-Win할 수 있다. 관광단지 복합개발은 물론이다. 이처럼 통일은 우리에게 인접국과의 접경지역 공동개발이라는 부수적 과실을 준다.

8. 사상의 자유 확대

- 레드 콤플렉스, 자기검열 탈피로 창작욕구 고취, 창의성 고양, 상상력의 증대 그리고 반도문화의 탈피

통일이 되면 우리의 생각은 최소한 2배 넓어질 수 있다.

딛고 사는 땅의 넓이가 커지는 만큼 생각과 영혼의 넓이도 넓어질 수 있다. (작은 나라에 산다고 생각도 좁다는 뜻은 결코 아니다.) 좁은 틀 안에서는 좁은 생각을, 넓은 대자연 속에서는 넓은 사고를 할 가능성 혹은 확률이 커진다. 일대일 비례가 아니라 가능성의 문제다. 그렇다. 우리는 지금껏 분단 70년 동안 반공 컴플렉스, 레드 컴플렉스 등으로 자기검열의 반복 속에서 창의성을 제약 받고 상상력을 강제적으로 억눌려 왔다.

분단에 기인한 사상 통제와 획일적 군사문화 때문이다. 민주 정부 하에서 문화 다양성이 확대되고 세계를 놀라게 하는 문화 창작물이 많이 나왔음이 이를 반증한다(기생충, 오징어 게임 등). 과거에는 무엇을 자유롭게 쓰거나 창작하려다가도 "국가보안법" 위반, 특히 찬양 고무죄 등에 저촉되지 않는지를 끊임없이 고민하며 표현을 최대한 보수적으로 고치고, 다듬어 왔다. 자기검열의 폐해다. 우리의 자유로운 "상상력"이 분단, 반공이라는 족쇄에 붙잡혀 있었던 것이다.

억눌리고 꺾였던 날개를 다시 펴고, 이 족쇄를 봉인 해제하는 것이 통일이다. 통일이 된다면 분명 지금보다 더 영혼이 자유로운 세상, 문학·사상·예술 등 모든 분야에서 활기 넘치는 새로운 르네상스 시대가 도래할 것이다. 우리가 스스로를 고립시켜 섬처럼 살아왔던 반도문화·섬문화를 벗어나 (섬문화의 대표적인 예가 집단주의 즉, 이지메문화다 : 좁은 섬 안이라 도망갈 데가 없으니 잘못 찍히면 죽고, 다들 강자에게 알아서 기고, 반항하는 자는 본보기로 가혹하게 응징하는 문화다), 저 넓은 대륙문화 (중국문화를 의미하지 않는다. 중화주의는 또 다른 이름의 전체주의다.) 의 호연지기를 받아들이고 다시 "연결"할 때 진정한 대륙문화, 반도문화, 그리고 해양문화의 공존 및 재창달을 이룩할 수 있다.

9. 징병제에서 모병제로

- 국방비 절감과 복지예산으로 전환
- 젊은이들의 빠른 사회진출·연속성 강화

- 병영문화 잔재 해소 : 집단주의, 획일화 문화 개선, 군대폭력 방지

모두가 잘 알다시피 한국의 국방비는 세계 최고 수준이다. 국방력의 구성이 저비용 고효율의 핵무기나 전략적 미사일이 아닌 재래식 무기 위주 구성이라 그렇다. 후진적 국방비 구성이다. 북한의 200만 육군에 대항하기 위해 우리도 60만 육군을 유지하고, 훈련하고, 분단을 기화로 미국에서 (강매하는?) 고가의 무기를 사오는 비용이다. GDP의 10% 수준인데 이는 군사강국 미국, 중국을 제외하고(물론 이들 나라는 우리와 다르게 핵도 있다!) 세계적으로도 드물다. GDP 대비 이 정도 돈을 쓰는 나라는 이스라엘과 북한 정도다.

만약, 통일이 되어 그 비용을 반으로만 줄인다면 GDP의 5% - 즉 500조의 5% =25조를 국민 복지에 쓸 수 있다. 막대한 복지예산이다. 그러면 우리는 틀림없이 스웨덴 부럽지 않은 복지국가가 될 것이다. 통일이 된다면 국방비는 육군 중심에서 해·공군 전략자산 중심으로 재편성하며 슬림화할 수 있기 때문에 여기서 절약되는 많은 국방예산을 복지예산으로 전환하여, 궁극적으로 더 많은 국민과 취약계층이 혜택받을 수 있다. (복지의 핵심은 재원마련, 결국 돈인데 한정된 나라 예산 중 불필요한 재래식 국방예산을 감축하면 충분한 복지재원을 마련할 수 있음을 잊지 말자.)

그 과정에 모병제가 있다. 남북대치상태가 끝나면 60만 육군을 유지할 필요가 없기 때문에(물론 압록강과 두만강 등 중국·러시아 국경에 수십만의 정예육군 배치는 필수다) 모병제를 통해 슬림화·정예화할 필요가

있다. 국경의 최소한의 육군배치도 모병으로 가능한 수치다. 20대 한창 재능을 꽃피울 젊은이들이 병역의 문턱에 걸려 중요한 2~3년을 소비하는 것은 분명 국가적 낭비다. 이를 모병제로 대체하면 더 많은 창의적 재능이 여러 분야로 발휘되어 더 많은 BTS가 나올 수 있고, 더 많은 손흥민이 나올 수 있다. 병역혜택을 얻기 위해 올림픽 금메달을 딸 필요가 없으니 심적 부담 없이 더 많은 스포츠 유망주들이 스포츠 자체를 즐기며 꿈을 꽃피울 수 있다. 연구·학술은 물론 기업·스타트업 분야에서도 많은 젊은이들이 더 과감한 도전을 시도할 수 있게 된다.

부정적 군대문화의 폐습도 사라질 수 있다. 병역의무가 사라지면 부정적·획일적인 나쁜 의미의 군대문화가 모든 국민에게 집단학습되지 않아도 된다. 좋은 의미의 군대문화만 원하는(혹은 선택하는) 집단에 의해서만 공유되면 된다. 과거 군사정권시절 까라면 까는 병영문화, 군사문화는 우리사회를 획일화·집단화시켰으며 직장, 학교, 가정 등 모든 영역에 부정적 영향을 끼쳤다. 개성·자유·토론·비판 등은 적을 이롭게 한다는 이적행위로 단정되어 용납되지 않았으며, 교련 수업, 예비군 훈련 등 군대 전후의 삶, 생애주기 곳곳에 준전시 병영문화가 뿌리 깊게 자리 잡았다.

특히 *"남자라면 군대에 다녀와야 해, 군대를 갔다 와야 진정한 남자지"* 등의 인식으로 남성우월주의를 강화하여(특히 군필 남성중심주의), 여성에 대한 혐오와 공격, 장애인·약자에 대한 이지매 등 사회·문화적 폭력을 정당화하였다. 이는 자유주의적, 진보적 가치들과 충돌하며 사회문화 발전과 다양성을 저해해 왔다.

물론, 멋있고 바람직한 군대문화가 분명 존재한다. 필자도 해군장교 출신으로 해병사단에 파견근무하며 군대의 중요성을 몸소 겪었고 또 군대에 대한 애정도 많다. 강한 국방력 없이는 조국도, 민족도 존재할 수 없음을 잘 알고 있다. 다만 획일화, 집단화의 부정적 측면을 걷어 내고, 애국심, 자긍심, 전우애, 희생정신 등 좋은 군대문화가 확대 재생산되었으면 하는 바람이다. 따라서 통일이 우리의 왜곡된 군대문화를 바로잡고, 군복무에 긍지와 자부심을 불어넣는 전환점이 될 수 있음을 강조하고 싶다.

10. 사교육 문제해결

- 통일 과정 중의 경제 지속성장 및 북한투자로 일자리·사업기획 확대 ⇒ 좁은 시장을 전제로 한 경쟁적·밀어내기식(정글식 무한투쟁·컨베이어벨트식) 사교육 감소
- 성장시대의 창의성·상상력 중시 / 공교육 활성화

통일이 되는 과정에서 절약한 국방비를 복지예산, 특히 공교육 확대에 쓰자. 공교육의 질이 올라가고, 폐쇄적 집단문화, 군대식 서열문화가 해소되면서 서서히 학벌위주(서울 지역주의와도 맥을 같이한다/In 서울주의)의 사교육 피라미드 체제(서울대 1강 군림 체제)도 해체될 수 있다. 피라미드에서 사다리꼴 모양으로 (우수대학이 아주 많아지고) 다양화·특성화된 학교들이 자리 잡으면 자연히 공교육 정상화가 이루어질 수 있다.

통일이 되면, 북한을 통한 무궁무진한 일자리가 생기고 기회가 열린다. '도전정신'이 중요하지 '간판', '포장지'가 중요치 않다. 폐쇄되고 정체

된 사회에서만 체제 내 경쟁, 기존 룰 안에서의 경쟁이 중시되고 그 경쟁의 승자에게 학벌 카르텔 혹은 승자독식의 과실을 줌으로써 그 체제를 유지하고 체제 순응자를 확대·재생산한다. 따라서 통일로 가는 열린 사회에서 사람들은 명문대, 대기업 취직만이 정답이 아님을 깨닫게 된다. 다가올 프론티어, 개척자의 시대, 그리고 창의력·상상력이 중심인 곳에서 사교육은 설 자리가 없다. 좁은 서울 안에서, 좁은 남한반도 안에서 죽어라 아웅다웅 경쟁하던 (밀어내고 서로를 밟고 올라서던) 체제를 넘어서기 위해 혹은 넘어서서, 다양성 중심의 (레드 콤플렉스도 벗어나) 열린 교육을 실시하자. 이제 우리 아이들을 컨베이어 벨트에서 내려놓고 마음껏 대지를 뛰게 하자. '간판', '포장지'를 벗어던지자, '껍데기'를 벗어 버리자. "본질"이 중요하고 "내면"이 중요하다. 사교육 학원 중심의 주입식, 숙달식 학습은 미래에 설 자리가 없다.

오직 "상상"만이 현실을 이긴다.

11. 북한의 핵기술 평화적 보존

- 북한의 핵기술/탄도미사일 기술(기초과학) + 남한의 전자기술(실용과학) 합쳐지면
  군사강국 가능 : 방어적·평화적 군사대국

통일의 과정에서 북한의 핵무기를 유지할 수 있다면, 그것을 민족의 보검으로 활용할 수 있다면, 북한의 기초과학 + 남한의 실용공학·전자공학 기술을 잘 접목한다면 통일 한국은 틀림없이 군사강국이 될 수 있다.

핵무기 + 핵잠수함 + 핵추진 항모에 첨단 전자기술을 활용한 최첨단 무기, 군사위성 등을 보유한 인구 1억의 강대국 - 동아시아에서 중국과 일본 사이에서 진정한 힘의 균형추 역할을 수행하는, 그 누구도 함부로 대할 수 없고, 함부로 넘볼 수 없는 그런 국가가 될 수 있다!

진정한 평화는 강한 힘을 가지고 있을 때 지킬 수 있기에 핵포기가 능사는 아니다. 우리가 무장해제하고 백날 평화를 부르짖어 봤자 그것은 공허한 외침에 지니지 않고, 결국 더 강한 이웃국가에게 점령당하고 밀려난다. 우리의 주권은 우리 스스로가 지켜야 하고, 주권은 강력한 경제력 + 군사력 + 문화력이 뒷받침될 때 비로소 유지된다. 기왕 북한이 개발한 핵무기를 우리가 통일과정에서 슬기롭고 평화롭게 잘 접수·활용하여, 중국에 대한 핵 억지력을 확보하고, 묵시적 혹은 사실상 핵 보유국으로서의 당당한 통일 한국이 되기를 희망해 본다. (국제 여론은 핵무기를 가진 프랑스를 두고 핵보유국이라는 이유로 크게 비난하지 않음을 기억해야 한다.)

평화적으로 북한핵을 활용하여 지난 백년의 시간을 약소국의 국민이라는 이유로 설움을 받은 우리 국민, 민족, 해외동포들에게 더 이상 약소국의 설움을 느끼게 하지 말자.

2부 **해야 한다면
전략적으로**

1부에서는 통일의 필요성을 상세히 알아보았다. 이처럼 통일이 반드시 필요하고, 꼭 해야 한다면 기왕 하는 거 전략적으로 잘하자. 어설픈 통일은 현상유지보다 못하다. 지금까지 70년간 못해 온 것처럼 통일은 보통 쉬운 과정이 아니다. 그렇다고 손 놓고 있어서도 안 된다. 이제 바이든 행정부의 출범으로 다시, 기회가 무르익고 있다. 우리가 새로운 시대에 어떻게 전략적으로 통일을 이룰 수 있을지를 알아보기 위해서는 우선 분단의 기원부터 살펴봐야 한다.

1장 분단의 기원

지피지기면 백전불태, 우리는 왜 분단되었는가?! 역사적인 측면에서 부터 분단의 기원을 찬찬히 살펴보자.

1. 망국

조선이 망했다. 오랜 부패와 학정의 결과다. 혁명이 일어나고 새 나라가 세워져야 했지만‥ 시대적으로 불운했다. 시대는 제국주의의 편이었다. 동양의 작은 나라 조선은 정조 사후 노론의 일당독재가 계속되고 이는 세도정치로 변질된다. 왕권은 한없이 미약해지고 일부 세도가문에 의해 국정은 농단되고 백성들은 학정에 시달린다. 참다못한 백성들은 홍경래의 난과 동학혁명(혹은 갑오농민전쟁)으로 일어섰지만 관군과 외세에 의해 잔인하게 진압되고 만다. 관군은 외세에는 한없이 약하고 힘도 못 써 보지만 희한하게도 자국민에게는 무자비하고 악랄하게 대한다. 동학이라는 마지막 희망의 불꽃이 사라지고 나라는 명운이 다하여 소멸하고 만다.

만약 조선 말기, 특히 정조 사후에 지도세력이 부패하지 아니하고 좀 더 지혜로워, 망국과 식민을 겪지 않았다면 분단은 기필코 없었을 것이다. 그것까지는 아니더라도 해방 이후에 자주적이고도 현명한 외교력이 있었다면 영구중립화와 같은 슬기로운 방법으로 분단을 막고, 후일을 도모했을지도 모른다. 선조들의 무지 혹은 힘없음을 통탄한다.

정조가 하나 잘못한 것은 긴 집권기간 동안 반대세력을 근원적으로 뿌리 뽑지 못했고, 정약용 같은 지지·개혁세력을 더 굳건히 키우지 못했던 것이다. 권력을 분산시켜 정순왕후 같은 왕실정치가 일거에 모든 것을 뒤집지 못하게 했어야 했다. 아니면 최소한 후대 왕이라도 흔들림 없이 잘 키웠다면 망국의 비극은 막았을지도 모른다. 독살을 당할 수 있음을 예견하고, 좀 더 권력구조를 개혁적인 방향으로 다지지 못한 것이 뼈아프다.

2. 식민과 해방

일본에 나라를 빼앗기고 수탈당하던 중 타의에 의해 급작스레 해방을 맞는다. 자력으로 독립을 이루지 못하였기에 발언권도 없었고 미·소 강대국들의 일방적인 결정에 의해 이루어진 분단이었다. 김구 선생이 땅을 치고 통탄한 예측 그대로였다. 그 후에도 민족은 단합되어 일치단결된 힘을 발휘할 기회를 번번이 놓치고 신탁/찬탁, 좌익/우익에 휘둘리고 분열하고 만다. 여운형 같은 온건파 통합론자들은 살해당하고 이승만과 김일성 같은 강경론자에게 급속히 힘이 쏠리며 한민족은 비극을 맞이한다. 미·소 간의 냉전이라는 국제정세도 우리에게 불리하게 작용하였고, 이를 유리하게 활용(영세 중립화 전략 등) 하기에 신생 독립국의 외교력은 미약하였다. 시대적 불운과 당시 우리 민족의 역량의 한계가 맞물린 결과다.

3. 전쟁

우리가 독일보다 통일이 힘들고, 어려운 이유는 한국전쟁을 겪었기 때문이다. 동포 간 살육전을 거치면서 서로에 대한 미움과 증오가 뼈에 사무쳤고 영토 수복과 피란을 반복하며 살 떨리는 적개심을 가지게 되었다. 이는 70년을 넘게 지금까지 이어져 오고 있다. 죽음의 기억, 학살의 기억이 트라우마가 되어 의식적·무의식적으로 우리의 영혼을 갉아먹었고 그 트라우마는 통일에 대한 거부감, 상대방에 대한 공포, 그리고 증오와 적개심으로 남아 있다.

4. 고착

- 남·북 모두 분단체제를 대내 통치(정적 제거, 국민 억압)에 적극 활용하는 적대적 공생관계를 유지·발전시키다.

전쟁은 그 후 남·북 정권의 체제강화와 정적탄압, 그리고 국민통치의 강력한 채찍이 되어 무소불위의 힘을 각 체제에 실어 주었다. 남한에는 '빨갱이'라는 블랙홀이 자유/민주/평등/비판/토론/노조/사회운동이라는 근대적·민주적 화두들을 모조리 삼켜 버렸다. 북한에서도 연안파, 남로 당파 등 비 김일성 세력, 정권 비판·견제 세력은 모두 미제 간첩이라는 오명을 쓰고 모조리 숙청되었다. 억압적·폭압적 상시 전시국가체제인 북한의 모습도 전쟁(혹은 분단의 비극)이 낳은 일란성 쌍둥이였다. 이는 오늘날, 이 순간까지도 계속해서 작동하고 있다.

5. 기회의 상실

- 2000년 미국 대선의 앨 고어 낙선은 우리 민족에게 크나큰 불운이었다. 그의 낙선과 부시의 집권으로 분단을 해체할 절호의 기회가 사라지고 그 후 힘겹게 희망의 끈을 오늘날까지 이어오고 있다.

아직 기억한다. 2000년 말, 클린턴의 후임으로 앨 고어가 대통령에 당선되었다면 클린턴은 그해 겨울 북한을 방문해 최초의 남북정상회담을 열었을 것이고, 북핵 해결을 전제로 북·미 수교, 대대적인 경제개방·투자, 분단의 해체가 이루어졌을 것이다. 플로리다에서 부시가 근소한 표차(재검표 도중 법원의 명령에 의해 중단됨)로 승리하여 전체 선거인단을 아슬아슬하게 이김으로써 미국 대통령이 된 것은, 아프가니스탄과 이라크 국민에게도 불행한 사건이지만, 우리 민족에게도 천재일우의 통일 기회를 날려 버린 너무나 안타까운 사건이었다. 태평양 건너의 일이라 우리가 어찌할 수 없는 일이라 하늘을 원망할 수밖에 없지만, 그래도 받아들여야 한다. 운명이라는 것은 늘 주어지고, 거기에 도전하는 것이고, 우리는 그에 맞서 순응하거나 저항하는 등 응전할 수밖에 없다. 그래도 운명의 흐름 속에 몸을 맡기되, 끈질기게 그러나 즐겁게 대항하는 것이 바로 인생이 아닐까 싶다. 우리 민족에게도 우리의 잘못과 타인의 탐욕이 복합적으로 일어난 비극이 분단이라는 현실을 직시하고, 그에 맞서 더디게라도 통일을 향한 걸음을 진척시켜야 한다. 그것이 우리의 사명이요 운명이다.

※ 트럼프 정부의 평가: 트럼프 정부를 어떻게 평가할 것인가

트럼프 정부는 공화당 뿌리라는 점에서 북한과 잘해 볼 마음은 기본적으로 없었다. 다만, 트럼프의 개인적 성향과 강한 쇼맨십으로 정상회담을 TV쇼처럼 연출하고 김정은을 조연삼아 적극 이용했을 뿐이었다. 기본적으로는 경제 제재를 해결할 마음도 없었다. 만약 트럼프 정부가 계속되었더라도 북한에 대한 경제 제재는 계속되었을 것이고, 북한은 더욱 어려움을 겪었을 것이다. 북한은 이점을 꼭 기억해야 한다. 다만, 김정은도 미국의 막강한 군사력을 알기에 트럼프와 좋은 관계를 유지하는 것이 (미국의 공격을 당하지 않는) 유일한 선택지였고, 결과적으로 미국의 선제 핵전쟁(미치광이적 공격?)을 막을 수 있었다. 그것만으로도 잘한 일이다. 트럼프 시대에 (볼턴이라는 전쟁광이 있었음에도 불구하고) 전쟁이 일어나지 않은 것은 김정은과 문재인 대통령의 공동노력임을 부정할 수 없다. 그 점은 훗날 역사가들이 클린턴 정부 초기 전쟁위기 못지않은 위기를 (보이지 않았던 위기) 잘 넘긴 것으로 아주 높게 평가하리라 본다.

6. 다시, 주어진 기회

- 바이든 당선으로 다시 합리적, 동맹 존중적 대외정책을 바탕으로 한반도 운전자론을 실현할 기회가 도래하였다.

바이든 시대가 왔다.

바이든은 기본적으로 민주당 뿌리다. 다행히도 변칙적이거나 외골수도 아니다. 합리적이다. 더욱이 김대중 전 대통령을 존경한다. 미국 민주당 정부는 Bottom-up 전략을 쓰기 때문에 실무진에서 합치된 의견이 도출되면 정상들은 기본 국정철학에 반대되지 않는 이상 이에 따른다. 트럼프가 실무합의를 뒤집은 적이 많기 때문에, 이를 반면교사 삼아 탄탄한 실무협상이 이루어지고 합의가 도출되면 합리적인 바이든은 이를 따를 것이고, 어느 정도 북핵을 제거, 혹은 상당부분 동결(혹은 불능화)한 상태에서 평화협정이 체결되고, 무역제재는 해제될 것이다. 북한 투자도 재개될 수 있고 북미 정상회담도 다시 이루어질 수 있다.

미 민주당은 한국의 한반도 운전자론을 지지하기 때문에 우리가 외교적으로 잘 설득한다면 그들은 우리의 통일정책에 충분히 동조할 것이다. 물론 바이든은 인권을 강조하기에 북한의 인권문제를 지속 제시할 것이며, 여전히 미국의 군산복합체의 이익을 대변해 긴장을 유지하고픈 유혹도 느낄 것이다. 따라서 이러한 난관을 잘 뚫고 외교력을 발휘해서 남북화해와 평화교류가 미국의 대중국 견제는 물론 지역안정이라는 미국의 국익에 부합함을 적극 설득해야 한다. 김대중 전 대통령의 외교력의 백

미가 상호이익, 상호호혜의 논리였는데 '이익을 위해서는 악마와도 대화해야 한다'가 '양쪽 둔덕에 풀 뜯어 먹는 소'와 함께 그의 대표적 외교지론이다) 그 점을 잘 이해하는 쪽이 미국 민주당 정부였다. 따라서 김대중 대통령 시대에 한반도 분단해체의 일보직전까지 갔던 것이다.

북한은 교류를 재개할 준비가 되어 있고, 통수권자 혹은 중앙당의 결정으로 교류를 금방 재개할 수 있다. 따라서 물꼬만 트이면 그 후로는 가속도가 붙을 것이다. 따라서 우리는 우리 비전을 미국과 북한에 잘 전달하고 설득해야 한다. 좋든 싫든 미국을 설득해서 끌고 가야 하는 것이 우리의 지정학적 운명이자 숙명이다.

우리도 우여곡절 끝에 두 번 권위주의 보수정부를 거쳐 리버럴한 민주당 정부가 다시 들어섰고, 미국에서도 변칙적인 트럼프 정부 이후 힘겹게 바이든 정부가 들어서 한반도에 다시 기회가 오고 있다. 한국은 이 기회를 두 번 다시 놓치지 말아야 한다. 우리의 외교력이 다시 시험대에 올랐다.

7. 분단의 교훈

분단 이후 힘없는 두 약소국은 최소한 어느 한쪽이 상당한 힘을 기를 때까지 통일은 먼 나라 이야기였다. 이제 선진국으로 접어든 이즈음, 우리의 자력으로 (물론 강대국이 노골적으로 방해하지 않는 한) 통일의 걸음을 자력으로 내디딜 수 있다. 경제력이 뒷받침된 외교력이 그만큼 생긴 것이다. 통일은 힘이다. 무력통일이든 평화통일이든 양쪽이 혹은 한쪽이라도 힘이 있어서 스스로를 지킬 수 있다면, 외세를 배척하고 자주적으로 통일의 과정을 만들어 나갈 수 있다. 외교도 곧 힘이다. 힘은 기본적으로 경제력에서 나오고 경제가 잘되기 위해서는 정치가 올발라야 한다. 결국 정치에서 모든 것이 시작된다. 그러기 위해서도 시민, 국민이 늘 깨어 있어야 한다. 각성의 힘이 중요한 이유다.

후손들에게 무엇을 물려줄지를 생각해야 할 때다. 더 이상 약탈당하고 유린되지 않는 조국, 강한 나라, 강한 국민, 힘센 나라⋯ 그러기 위해서는 통일이 필수다. 내가 강해야 상대가 대접해 주는 절대적이고도 기본적인 원리, 정글의 법칙일 수도 있는 이 원칙을 절대 잊으면 안 된다. 물론 아주 도덕적인 강자의 시혜, 배려, 혹은 자비 등으로 약자도 권리를 얻을 수 있지만 그건 어디까지나 일시적인 것이고, 유한한 것이다. 대가가 따를 수밖에 없다. 스스로의 "권리"를 쟁취하기 위해서는 자주적 힘이 필요하다. 힘을 길러야 한다. 그것이 개인으로서는 독립적 사고, 홀로서기, 자기계발, 재테크, 부의 증식, 운동 등이 될 수 있고 국가는 경제부흥, 국력강화, 혹은 (우리에게는) 통일이 될 수 있다. 국가가 강해야 국민이, 특히 여성이, 어린이가, 장애인 등 약자가 유린당하지 않는다. 일제 강점기에도 사회 내의 강자들(지주, 변절자, 친일파 등)은 일본 식민 시대에도 호의호식하며 나름 잘 살았다. 약자들의 삶이 더 피폐했을 뿐이다. 따라서 나라가 강하고 진보적이어야만 약한 국민이 보호받을 수 있다. 그것을 잊지 말아야 한다.

2장 전략적 통일론
- 통일에도 전략이 필요하다.

통일에도 전략이 필요함은 누구나 아는 바이며, 정부 및 많은 전문가들이 이미 다양한 전략을 구사하고 있다. 나는 앞서 설명한 김대중 전 대통령의 3단계 통일론을 계승·발전시킨 "3·3론"을 통일전략으로 제시하고자 한다. 3·3론은 3지속, 3단계 통일론이다. 3지속론은 왕래지속(물리적 이동), 투자지속(경제), 동질화지속(문화)이다. 3단계 통일론은 문화통일, 경제통일, 정치통일의 3단계이다. 김대중 전 대통령의 3단계 통일론은 (1단계 국가연합 / 2단계 연방제 / 3단계 완전통일국가라는) 정치형태의 통일론에 방점을 둔 것이고, 나의 3·3론은 점진적 통일을 위한 전략이자 문화, 경제, 정치에 각 단계를 둔 통일론이다. 또한 3·3론과 병행되어야 할 조건이 있다. 바로 경제력 신장과 군사력 확대다. 그것은 동전의 양면처럼 함께 가야 한다. 이 전제조건과 3·3론을 하나씩 살펴보자.

1. 경제력 신장

- 대한민국 자체경제력 확대(자력갱생 / 내수시장 확대)

　약자들은 통일할 수 없다. 강자는 자신들의 이득을 위해 약자들이 통일하도록 내버려두지 않는다. 통일하면 자신을 위협할 강자가 될 수 있기 때문에, 약자로 나누어진 현상을 계속 유지시키고 싶어 한다.(그런 의미에서 일본은 통일 한국을 두려워하기에 한반도의 통일을 절대 바라지 않는다.) 따라서 우선 약자에서 강자가 되어야 한다. 우리가 강자(강대국)가 되고, (북한도 강자가 되면 좋겠지만, 혹은 핵보유국이니 이미 강자일 수도 있다.) 아니면 최소한 다른 강대국들(미국, 중국, 러시아, 일본)이 통일을 방해하지는 못할 힘을 보유해야 한다.

　힘은 곧 경제력이다. 경제력이 있어야 무기도 사고 군사력도 기르고 국제사회에서 발언권과 영향력이 커진다. 따라서 경제성장을 잘 지속하는 것이 중요하다. 한반도 문제해결의 주인인 한민족이 힘을 길러 외세를 배격하고 자주적으로 통일을 이루기 위해서는 경제력 신장이 최우선되어야 한다. 내수시장을 확대하고 북한과 교류하며, 특정국에 대한 대외 무역의존도를 줄이는 등 내성을 키워야 한다. 이번 한·일 무역갈등에서 일본의 비겁한 무역보복을 우리가 극복해 낸 것은 큰 성취다. 자신감을 가지자. 우리 경제가 지난 반세기 동안 크게 성장했기에 무역보복을 견디어 낼 기초체력이 생긴 것이고, 소재·부품·장비를 만들 최소한의 힘도 생겨났다. 10~20년 전이었으면 상상하기도 힘들었을 결과다. 대한민국은 잘하고 있다. 경제성장의 가속페달을 계속 밟아서 국력을 기르고,

그 힘으로 자주적 통일의 토대를 만들자.

2. 군사력 확대

- 전작권 전환 통한 군사주권회복 + 군사력 증대 (육군 중심에서 해공군 중심/군사
  력 고도화)

노무현 정부 때 힘겹게 얻어 낸 전시작전권을 헌납한 이명박근혜 정부는 후세에 두고두고 비난받아 마땅하다. 전시작전권 전환 없인 자주독립 국가라 하기 어렵다. 그만큼 자주적 군사력은 중요하다. 평화를 사랑하는 사람에게도 무력은 필수다. 약자의 평화는 허상이다. 앞서 말한 신장된 경제력을 바탕으로 군사력을 증대하여 스스로를 보호하고, 유사시 주권을 지키고 영토(북한 영토를 포함하여)를 4강대국으로부터(특히 중국/일본으로부터) 방어해야 한다. 따라서 첨단 전략기동군과 항모기동함대 등 투사전략군을 보유해야 한다. 육군을 정예화·슬림화하고 해·공군을 획기적으로 증강해서 육·해·공의 균형 발전을 이루어야 한다. 힘(군사력)이 있는 국가만이 병합이든 통일이든 원하는 행동을 취할 수 있다. 통일은 절대로 거저 오지 않는다.

※ 경항모에 대한 소론
[아기 코끼리와 항공모함]
- 경항모 도입의 딜레마

제주 해군기지를 지을 당시 많은 평화 활동가분들의 반대가 있었다. 평화의 섬 제주에 군사기지를 짓는다는 것은 제주를 전장의 한복판에 내모는 무모한 행위며, 동시에 군축이라는 시대적 흐름에도 반한다는 게 요지다. 물론 평화를 위한다는 대의에는 절대 동의하며 그분들의 공동체 정신과 희생정신에 경의를 표한다.

하지만 역설적이게도 진짜 평화를 바란다면 군사력을 강화해야 한다. 평화는 스스로를 지킬 수 있는 자에게만 주어지기 때문이다. "힘"없는 평화는 순간적·일시적 평화요, 피지배·종속적 평화다. 진정한 평화는 거저 얻어지는 것이 아니라 강력한 국력, 그중에서도 국방력이 뒷받침되어야만 지킬 수 있다. 평화를 원한다면서 스스로를 무장해제하고, 혹은 (서로가 총구를 겨누고 있는 상태에서) 먼저 총을 놓아버리는 것은 (나를 향해 총을 발사하지 않으리라는) 상대의 선의에 내 모든 것을 맡겨버리는 어리석고도 무모한 행동이다. 총구를 내려야만 한다면 반드시 서로, 동시에 내려야만 한다.

최근 이슈화되는 경항모 문제도 마찬가지다. 도입 반대의견이 심심치 않게 제기되고 있는데, 주된 논거는 1) 천문학적 유지·운용비가 들고, 2) 지정학적 이유로 이미 한반도 자체가 가라앉지 않는 불침(不沈) 항모 역할을 하고 있으니 그 필요성이 없고, 3) 우리나라 같은 소국(小國)에는 항모를 운용할 정도의 강한 국방력이 필요 없다는 것이다. 한마디로 사대주의적, 종속적 사고방식이 아닐 수 없다.

우선, 예산문제는 지상군을 정예화하는 과정(지상군 병력 축소)에서 절약되는 군사비로 해결할 수 있다. 한반도 통일의 과정에서, 특히 재래식 군비를 첨단화·슬림화하는 과정에서 많은 예산이 절감되는데 그렇게 절약되는 예산의 일부만 사용해도 우려하는 항모 운용비를 충분히 감당할 수 있다.

다음으로, 불침항모설이다. 이는 어디까지나 미국의 입장이고 미국 중심의 사고방식이다. 미국은 유럽·러시아를 겨냥해서 영국을, 중국을 겨냥해서 일본·한국을 각각 대서양, 태평양에 떠 있는 자국의 불침항모로 활용하고 있다. 그러나 우리는 누군가를 위한 불침항모가 될 필요는 없다. 오직 우리의 입장에서 원해(遠海) 작전에 쓸 항모를 만들어 활용하면 된다.

끝으로, 우리나라가 작은 나라이기에 항모를 운용하기 어렵다는 것도 패배주의다. 한반도 면적과 비슷한 영국도 세계적인 해군력을 바탕으로 20세기에 초강대국으로 발돋움했다. 항모는 근해는 물론 원해, 대양까지 작전이 가능한데 이처럼 넓은 작전 운용범위를 바탕으로 우리나라 에너지원의 98%가 들어오는 동남아~중동 간 원유 보급로를 지키고, 군사강국을 꿈꾸는 일본·중국을 견제할 수 있다. 일본은 F-35B의 수직이착륙이 가능하도록 이즈모함을 개조하고 있는, 사실상의 항모 보유국이다. 중국도 이미 항모를 자체보유하고 있고 여러 척의 추가 항모를 건조 중이다. 이러한 국가들을 상대로 우리가 항모 없이 동해나 서해상에서 충돌했을 때 우리가 잘 대응할 수 있을까? 냉정하게 되짚어 봐야 한다.

이처럼 항모를 보유한다는 것은 일본과 중국에 대한 적극적 방어, 능동적 방어의 성격이 크다. 500여 년 전 조선의 율곡 이이가 10만 양병설을 주장했을 때, 조정의 많은 대신들은 과도한 유지비와 농번기 백성의 원성 등을 이유로 그 주장을 좌절시켰다. (지금의 경항모 도입 반대주장과 놀랍도록 유사하지 아니한가!) 그때의 판단착오로 조선은 9년 후 임진왜란이라는 굴욕적 전란을 피해갈 수 없었다. 역사는 반복되고 있다. 그 전철을 지금 되풀이해서는 안 된다.

아기 코끼리를 어릴 때부터 작은 밧줄에 묶어두면 어른 코끼리가 되어도 밧줄을 끊고 도망가지 못한다고 한다. 밧줄을 끊을 힘이 생겼음에도 어릴 때부터 체념, 포기에 익숙해진 탓에 밧줄을 끊을 시도조차 하지 않기 때문이라고 한다. 우리도 이러한 체념에 빠져 있는 것은 아닐까? 왜 스스로 강해지기를 왜 두려워하는가?

우리에게는 밧줄을 끊고 나올 힘이 있다. 우리는 충분히 강하다. 연안 해군처럼 소극적 방어에만 머무르자는 패배주의적 주장에 귀 기울이지 말고, 경항모 도입으로 우리 해군이 진정한 대양해군으로서 자리 매김하길 바란다. 그것이 평화를 위해 국력을 키우는 길이고, 경항모 도입이 그 첫걸음이다. 평화는 그것을 지킬 힘이 있는 자에게만 주어지는 선물임을 잊지 말자.

3. 3지속론

자유왕래(국경개방·여행자유), 대북투자(경제균형), 교류(체육·문화교류) 지속

나의 통일론인 3·3론은 3지속론과 3단계론으로 나뉜다. 그중 첫 번째 인 3지속론은 통일의 과정에서 (완성의 그날까지) 남북한 간에 세 가지를 지속하자는 것이 핵심이다. 그것은 ① 자유왕래(국경개방·자유여행), ② 대북투자, ③ 교류(체육·문화교류)의 지속, 즉 동질화의 지속이다.

자유롭게 왕래·여행을 통해 접촉빈도를 높이고(물리적 동질화) 계속 적인 대북투자로 상생하며 남북한의 경제적 균형을 맞춘다(경제적 동질 화). 지속적인 문화·체육 등의 교류를 통해 유대감을 높인다(정신·문화적 동질화). 이 세 가지를 수십 년간 지속하며 비정치적인 부분부터 장벽을 없애 나가면 마지막에 제일 어려운 정치·외교의 통합을 자연스럽게 혹은 좀 더 쉽게 이룰 수 있다. 아니면 최소한 좀 더 쉽게 해결할 계기를 마련 할 수 있다. "왕래·투자·교류가 동질을 만드니 이를 지속해야 한다"는 것 이 3지속론의 핵심이다.

4. 3단계론

문화통일 ⇒ 경제통일(공통화폐) ⇒ 정치통일(사상의 자유경쟁 및 국민 선택)

나의 3단계론은 통일을 이루는 영역을 3단계로 나누어 점진적으로, 지속적인 통일단계를 밟아 가자는 것이다. ① 문화통일(자유왕래/관광/문화·스포츠 교류) ⇒ ② 경제통일(남북합작투자/공통화폐 사용) ⇒ ③ 정치통일(체제의 자유경쟁을 통한 국민의 정치체제 선택 - 단, 일당독재는 배제)의 단계적 통일이 그것이다.

문화가 통일되면 경제통일도 쉽고, 그러다 보면 마지막으로 정치통일도 쉬워진다. 유럽은 서구문화의 동질성을 공유하고 있기에 경제통합도 잘 이루었다. 정치통일은 맨 마지막에 국민의 선택과 판단에 맡기면 된다. 정치체제끼리의 자유경쟁을 통해 최후에 선택받는 체제(그것이 어떠한 체제이든 상관없다 - 단, 공산당 등 1당 독재는 배제)로 통일하거나 아니면 2체제로 계속 유지해도 된다. 지금까지의 경험을 토대로는 보았을 때 자유민주주의보다 나은 체제 대안은 없다고 생각한다. 선거를 통해 정부를 바꿀 수 있기 때문이다. 즉 정부가 실패를 해도 그 임기 후에는 과오를 바로잡을 수 있기에 최선을 선택할 수 있기보다는 최악의 사람이 뽑히는 것을 피하는 제도이며, 사람은 늘 실수할 수 있기에 현존하는 체제 중에서는 최선의 제도라고 생각한다. 따라서 자유민주주의 - 1당 독재를 배제한 다당제 내에서는 좌파든 우파든 국민의 선택에 맡기면 된다. 그 안에서는 좋고 나쁨이 따로 없다. 어느 방안을 선택하든 민족의 이익을 최대치로 공유하면 된다.

또한 중요한 점이 있는데 통일의 형태가 꼭 1국가일 필요도 없고 2국가 연합체도 무방하다. 2국가 연합도 차선의 선택이 될 수 있다. 연합체제가 지속되면, 시간이 지나면 언젠가는 연방으로, 그리고 최종 1국가로 발전할 수 있기 때문이다. 연합국가로 계속 남으면 또 어떠한가. 그것은 우리의 후손들, 북한의 후손들이 협의해 결정할 일이다. 2국가 연합의 장기지속도 배제하지 않는다는 것이 기존 통일론과의 차이점일 수 있다. 이제, 정치통일의 방법을 좀 더 상세히 살펴보자.

5. 정치통일의 방법

- 김대중 전 대통령의 3단계 통일론과의 조화
김 전 대통령의 3단계 통일론 : 국가연합 ⇒ 연방제 ⇒ 완전한 통일

표2. 통일론 비교

구 분	김대중 전 대통령 3단계 통일론	필자의 3단계론
1단계	2국가 연합	1.문화통일 2.경제통일
2단계	1국가 2체제(연방제) : 군사·외교 통일	
3단계	1국가 1체제	3.정치통일

※ 필자의 3단계론에서는 1단계 국가연합의 영구지속도 무방

3·3론(3지속론/3단계론)과의 조화
[2국가 연합체제 개시/국가연합] (양국의 체제를 유지하면서) 자유왕래·자유투자·교류활성화 / 문화·경제 통일(화폐 통일 등) ⇒ **[1국가 2체제/연방제]** 군사·외교 통일 ⇒ **[1국가 1체제/완전통일]** 정치 통일

먼저 말해 두지만, 이것은 김대중 전 대통령의 3단계 통일방안을 토대로 이를 확대·발전시킨 것이다. 3단계의 각 단계마다 3·3론이 병행되어

있다. 국가연합단계에서 **왕래/투자/교류 지속(3지속)**으로 문화·경제 통일이 이루어지고 (경제통일은 최종적으로는 연방제 단계에서 완성된다) 연방제 단계의 과도기를 거쳐 최종 정치 통일이 이루어진다**(문화/경제/정치 순서의 3단계 통일).**

정치통일은 통일과정의 최종 상태 - End state다. 정치통일로 비로소 통일은 완성된다. 그만큼 어렵고 지난하다. 그럼에도 꼭 해내야 하는 최종분야이기에, 필자가 생각해 낸 최선의 정치통일 전략은 다음과 같다.

① 국가연합 ⇒ ② 연방제 (1국가 2체제 / 외교·군사 통일) ⇒ ③ 체제 통일 (국민투표 등 체제의 자유경쟁 통해 우월적 체제 선택)

① 국가연합의 영속

①번은 김대중 전 대통령의 3단계 통일론과 일맥상통한다. 점진적인 체제 통일 (연합, 연방, 통일)의 단계적 과정을 거친다. 필자도 이 견해를 적극 지지한다. 그러나 ①단계가 고착될 경우 무리하게 ②번 단계로 넘어갈 필요 없이 ①번을 지속하면 된다. 국가연합의 약한 고리 안에서 민족적 동일성과 경제적 공동체성(상호투자 등)을 유지한다면 아주 느린 속도로라도 큰 의미의 통일 과정을 지속할 수 있기에 ①단계의 장기 지속도 나쁜 선택이 아니다. 물꼬만 트이면, 물은 흘러 흘러 결국 바다로 간다. 산술적으로도 1년에 1%만 남북이 가까워져도 100년 후면 100%의 동질화를 이룰 수 있다. 분단이 80년이 다 되어 가니 다시 통일 과정이 100년이 걸리면 또 어떠한가. 속도가 중요한 것이 아니다. 방향이 중요하다. 특히, 현재 통일을 반대하는 세대들에게도 ①번의 국가연합 영속은 통일 반대론자의 걱정을 불식시키면서도 점진적 (궁극적) 통일의 길로 나아간

다는 데에 그 의의가 있다.

② 연방제(1국가 2체제 / 외교·군사 통일)

①번의 국가연합이 순조롭게 잘 지속되고, 국민들의 여론이 지지로 돌아서면 다음 단계로서 연방제를 실시할 수 있다. 연방제의 핵심은 군대와 외교 통일이다. 외교는 크게 어렵지 않다. 둘로 나누어진 각국의 대사관/영사관을 하나로 합치고, 공동관리하면 된다. 국기도 통일기(한반도기 등)로 단일화한다. 외교전략은 기본적으로 '국익의 최대화'이기에 한반도 통일국가의 최대이익을 얻기 위한 외교전략은 남북 간에 크게 이견이 없을 것이다. 다만 군사 통일이 최대 관건인데, 동수의 공동사령관을 남과 북 서로 반대 측에 두고, 핵미사일 열쇠도 남과 북이 하나씩 가지는 등 크로스-균형을 이루는 제도적 방법 보완이 필수적이다. 동수의 군사력 유지도 필수고 남북 군사 간의 정보공개·전력 공유가 핵심이다. 이렇게 연방제의 여러 핵심 고리를 잘 연결하면 성공적인 연방제를 운용할 수 있고, 그것이 잘 정착되면 장기적으로 미합중국과 같은 (상대적으로 모범적인) 연방국가를 이룰 수 있다. 그것이 통일 2단계다.

③ 체제 통일(국민투표 등 체제의 자유경쟁 통해 우월적 체제 선택)

마지막 단계가 바로 정치 통일이다. 제일 어렵다. 위임받을 권력자를 선별하고 권력구조를 결정하는 일이기 때문이다. 동서고금을 막론하고 권력을 쟁취하는 일, 권력을 나누는 일로 무수한 전쟁이 일어나고 피를 흘렸다. 지위, 명예, 이권도 모두 권력에 뒤따르기 때문이다. 다만 무한하지 않을 뿐…… 절대 권력은 절대 부패함은 역사가 증명한다. 이만큼 권력의 분점은 어렵기에 남북은 신중히 접근해야 한다.

나는 이에 대한 해결책으로 최소한의 공통원칙(공산당 배제, 1당독재 배제, 폭력 배제 등)만 정하고 나머지는 자유롭게 남북한의 주민들에게 맡기는 방법을 제시하고자 한다. 정치구조, 권력구조 선택권을 자유시장 경쟁에 맡기자는 것이다. 더 많은 국민이 원하는 제도가 그래도 덜 나쁠 확률이 높다(다만, 더 좋을 확률이 높다는 의미는 아니다). 그렇기에 민주주의가 아직은 독재를 막고, 최악의 정치체제를 막아 주기에 최선은 아니더라도 차악의 제도 정도로 자리매김하는 것이다. 물론 최선은 플라톤의 '철인'이 다스리는 독재국가일 수 있다. 하지만 무오류의 철인은 현실적으로 존재할 수 없기에 이는 불가능한 제도이고 따라서 오류의 인간이 그나마 실책을 줄일 수 있는 방법이 권력에 유한성(임기)을 부여하고 "견제"와 "균형"의 원리를 도입하는 것이다. 즉 임기를 정함으로서 독재를 막고, 3권 분립을 통해 부정과 부패를 상호 감시하게 하는 것이다.

이와 같이 남북 모두 원하는 단일 체제 - 아마 자유민주주의가 될 것이다 - 의 권력구조를 남북 주민이 선택하게 하여 마침내는 통일된 권력 구조하에 단일 총리·수상이나 단일 대통령이 선출될 수 있을 것이다.

Ⅰ. 남북 각자의 정치대표자 선출 (동일 권력 분점 / ex 남한 : 대통령, 북한 : 주석)

Ⅱ. 시간 경과 후 더 나은 권력선출 제도로 통일 (ex 남한 : 총리, 북한 : 총리)

Ⅲ. 동일한 권력선출 제도하에서 단일 대표자 선출 (ex 남북한 총 투표 결과 ○○○ 단일 대통령 혹은 ○○○ 단일 총리 선출)

※ 이 경우 남북한은 인구비례에 따른 동수 투표권을 행사한다 (북한 2천만 : 남한 5천만일 경우 북한 투표수에 2.5배 가중치 부여해 동수로 투표 및 선출) 그래야 반발 없이 상호 승복할 수 있다.

6. 대외환경의 적극적 활용

1) 바이든 행정부의 등장

바이든 행정부의 등장은 한반도에 큰 기회다. 통일의 문을 열기 위해서는 한국[민주]-미국[민주]의 조합이 최적임이었음은 주지하는 사실이다. 비록 문재인 정부의 임기가 끝나가는 시점이지만 그래도 큰 틀을 잡아 나갈 수 있다. 과거 김대중[민주]-클린턴[민주] 조합에서 북미수교 일보 직전까지 갔던 화해무드를 민주대통령[문재인 혹은 후임]-바이든[민주]의 구도로 가져올 절호의 기회가 왔다. 이 기회를 잘 살리지 못하면 한국[민주]-미국[공화] / 한국[보수]-미국[민주] / 한국[보수]-미국[공화]의 3개의 조합이 되어 통일은 아득히 멀어진다. 민주-민주 조합 외엔 지지부진할 수밖에 없음은 역사가 보여 준다. 노무현-부시 // 이명박, 박근혜-오바마 // 문재인-트럼프 조합에서는 최초의 북미정상회담을 했다는 것만 제외하고는 실질적인 큰 진전이 없었다. 그나마 다행인 것이 전쟁 위협이 아주 높은 부시-이명박 / 트럼프-박근혜의 조합[한국(보수)-미국(공화)의 조합]이 생각보다 짧았다는 것이다. 그것이 우리 민족에게 축복이라면 축복이었다. 만약 박근혜가 탄핵되지 않고 트럼프와의 조합을 이어 갔다면 정말 전쟁이 날 가능성이 높았을 것이다. 최선의 기회를 놓쳤지만 최악의 위기도 넘겼으니 본전이라고 치자. 향후 최상의 조합이 한번 더 온다면 기회를 꽉 부여잡고, 슬프게도 그렇지 못하다면 전쟁 방지에 힘쓰며 위기를 관리해야 한다.

표. 한미 양국 집권당과 대북관계 변화

구 분		미국	
		민주	공화
한국	민주(진보)	김대중-클린턴 **(북미수교 직전)** 문재인-바이든 (미중갈등 / 시간부족의 딜레마)	김대중-부시 (진전 없음) 노무현-부시 **(개성공단)** 문재인-트럼프 (진전 없음)
한국	보수	박정희-카터 (주한미군 철수검토) 이명박-오바마 (진전 없음) 박근혜-오바마 (진전 없음)	전두환-레이건 (진전 없음) 노태우-부시 (진전 없음) 이명박-부시 (진전 없음)

2) 한반도 운명의 주인으로

위의 표에서 언급한 내용처럼, 진보(한국)-민주(미국)은 최적 기회가 된다. 만약 그렇지 않은 상황이 되었다고 해도 동맹으로서의 미국을 잘 설득하여 이끌고, 한반도라는 자동차의 운전석에 앉아서, (과거 클린턴 이 언급했던 것처럼) 우리가 운전대를 잡고 한반도의 운명을 결정하자. 과거, 반도국 최악의 시나리오를 겪으며 남북이 찢기고 서로를 겨누었던 불행한 과거를 치유하고 다시 한반도 운명의 주인으로, 대륙과 바다로 뻗어 나갈 절호의 기회가 오고 있다. 경제력에 바탕된 국력도 과거 구한말 보다 훨씬 강해졌다. 그때는 구한말 국력이 세계 100위권이었다면, 지금 은 10위권이다.

문재인-바이든의 최초 한미정상회담결과 미사일 사거리 800km제한 을 풀어 미사일 주권을 회복한 것도 우리 운명의 주인으로 나아가는 작은 첫걸음이다. 전작권도 완전히 되찾아 오고(과거 보수정부는 찾아오기로 확정한 전작권 마저 연기하고 미루다가 다시 줘버리는 웃지 못할 상황을 연출했다. 이 얼마나 어리석고 매국적인 일인가…… 통탄할 따름이다.) 힘을 기르고, 그 힘을 지렛대 삼아 실질적 주권을 회복하고, 우리 운명의 주인으로 일어서야 한다.

긴 생을 살아도 굽신거리고 숙이고 살면 운명의 노예로 사는 것이지만, 짧은 생을 살아도 당당하고 용기 있게 살아간다면 그것은 운명의 주인으로 살아가는 것이다. 우리는 운명의 주인으로 살아가고 있는가? 아니, 살아갈 준비가 되었는가?

조선이 부패 끝에 멸망하고, 독립을 해도 자력으로 하지 못한 까닭에 국토가 나뉘고 반식민지의 설움을 반세기 넘게 겪어 왔다. 평시작전권 (1992년에야 환수)은 겨우 환수했지만 전시작전권(아직 미환수)도 없는 반쪽 국가…… 미국의 보호 아래 온갖 불이익을 감수하던 그런 작고 가난한 나라, 나의 조국 코리아였다.

이제, 다시 부자나라가 되어가고 있고 힘도 강해지고 있다. K 방역은 합리주의와 민주주의, 투명성의 승리인 것처럼 이러한 추세를 잘 몰아 남북관계에서도 동질성 회복에 다시 나서야 한다.

3부 통일 후에 오는 것들

코리아의 더 나은 미래

1. 하나가 되는, 더 커지는 코리아

통일이 되면, 인구 8천만이 된다. 나아가 저출생 극복으로 인구 1억을 바라보게 되어 강중국의 기본조건을 갖춘다. 경제력과 과학기술이 뒷받침된 동북아시아의 강중국, 국토도 통일되면 영국과 비슷해진다. 미국과의 동맹을 유지하며 중국을 견제하고, 동북아의 도덕적 선진국가로서 동포들에게 자부심과 긍지를 주는 나라를 만들 수 있다. 코로나 사태 초기 우한에 전세기를 보내 교민을 귀국시킬 때, 한국을 도왔던 아프간인을 탈레반 점령을 앞두고 다시 구해낼 때, 조국은, 대한민국은 정말 자랑스러웠다. 코리아라는 이름 아래 화해하고 협력한다면, 하나여도 좋고, 둘이어도 좋다. 둘이어도 이미 하나이기 때문이다. 자랑스러운 코리아이기 때문이다.

2. 완벽한 상호보완

- 대한민국 자본/기술력/실용과학 + 북한 노동력/천연자원/기초과학

남한의 자본력과 기술력 그리고 실용과학은 북한의 그것들과 완벽한 상호보완·대칭을 이룬다. 말이 통하는 양질의 풍부한 노동력, 석탄, 희토류 등을 비롯한 개마고원의 풍부한 천연자원, 그리고 핵기술을 비롯한 앞선 북한의 기초과학은 각각 남한의 기술력 및 실용과학과 접목하여 엄청난 시너지를 내뿜을 것이다. 1+1은 2 이상이다.

3. 통일로 저성장 늪 돌파

　남북한의 상호보완적 시너지 효과는 경제성장률을 향상/장기간 지속시켜 우리를 세계 주요 경제 축으로 자리매김하게 해 줄 것이다. (중국, 미국, 유럽연합, 인도, 아세안, 그리고 통일 코리아) 저성장의 늪 - 선진국병이라는 성장정체를 우리는 북한 투자 및 개발이라는 강력한 성장 엔진으로 돌파할 수 있다.

　짐 로저스는 그의 저서 및 강연 등에서 선지자적 통찰력으로 통일 한국의 미래상에 대해 침이 마르도록 설파한다. 브라보! 다 맞는 말이다. 다만 실현 시기에 다소 차이가 있을 뿐이다. 이미 예언된 미래조차 놓치는 어리석은 우를 범하지 말자. 짐 로저스의 예언대로 코리아에 투자하라! 통일은 대박이다. 결코 틀린 말이 아니다!

4. 북한 인구 증가 통한 저출생·인구감소 문제 해결

- 인구 1억의 한반도
- 내수시장 확대 + 자급자족 (경제 기초체력 강화)
- 외부경제위기에 대응력 강화(내수와 대외무역의 균형)

　인구 1억은 앞서 언급한 것처럼 강중국의 조건이기도 하지만 자족적 내수시장 확보를 위한 필수조건이기도 하다. 세계적 경기침체나 글로벌 금융위기가 와도 내수 활성화만으로 이를 극복하고 영향을 최소화할 수 있는 방어막이자 필요조건이 인구 1억이다. 통일의 과정에서 고도성장기에 접어들 북한의 인구증가는 한반도의 저출생·인구감소를 막아 주고, 동시에 인구 1억으로 가는 길을 당겨 줄 것이다. (고도성장기 개발도상국의 급속한 인구증가는 통계학적으로 검증되었다)

이에 더해 전략물자를 포함한 자급자족분을 확대하여 경제 기초체력을 강화하고, 위기 시에 뒤통수칠 수 있는 일본과 중국에 맞서기 위해 기초소재, 산업기반 시설, 2차 가공재 등을 자급자족 할 수 있어야 한다. 최근 발생한 요소수 대란처럼 고도의 기술이 필요치 않지만 수익이 나지 않아 생산을 중단하고 수입에만 의존했던 필수 화학재도 수익여부와 상관없이 자체 생산하는 시스템을 구축해야 한다. 지속적으로 내수시장을 키우되, 수출과 수입의 균형을 맞추어 한쪽의 급격한 쏠림을 방지하는 상호보완적 성장을 지속해야 한다.

5. 개발 청사진

1) 비무장지대의 한반도 생태공원화

독일이 통일 후에도 베를린 장벽 인근을 개발하지 않고 생태보호구역으로 지정해 둔 것은 분단의 아픔을 긍정적·창의적으로 전환시킨 좋은 본보기이자 교훈이다. 전화위복의 전형이 아닐 수 없다. 우리 DMZ는 그것보다 훨씬 넓고 크며, 역설적이게도 지뢰 등으로 인해 자연생태계가 잘 보존되어 있다. 이를 생태공원화하여 자연도 보호하고, "한반도의 허파"로 만들어 내면, 생태관광은 물론이고 동북아 기후·환경에도 좋은 영향을 줄 수 있다. 철새들은 쉬어갈 것이고, 많은 동식물의 안전지대이자 보루가 될 것이다. 도로와 철도는 남북을 연결하는 최소한의 구간만 만들고 그 주변으로는 관리·통제를 엄격히 하여 자연과 생명이 살아 숨 쉬는 생태보전지역으로 만들어 가자. 문재인 대통령도 다시 태어나면 '나무'를 전공하고 싶다고 했던가. 숲과 자연. 인간이 자연을 떠나 숨 쉴 수 있기나 한가. 소중한 것은 눈에 잘 보이지 않는다. 인간은 부디 어리석음으로 자신을 살리고 있는 숙주를 파괴하지 않기를 바라며, 통일이 되어 비무장지대의 생태공원화가 하루 빨리 이루어지기를 기다려 본다.

2) 한반도 H자 개발 (부산~원산항~청진항~나진·선봉) + DMZ + (목포~인천~흥남~신의주)

① 교통인프라 건설 - 도로, 철도, 교량 건설
서울을 중심으로 하는 한반도 X자형 인프라 구축 (목포~청진, 부산~신의주)
: 1. 목포~광주~대전~서울~원산~청진 / 2. 부산~대구~대전~서울~평양~신의주
⇒ 향후 중국, 러시아와 이어지는 '철의 실크로드' 완성, 한반도 고립 탈피, 대륙진출
② 기반시설 인프라 건설 - 항만·공항 건설 (원산항, 청진항, 해주항 등 항만, 삼지연 공항 등 공항 건설)
③ (신)도시 인프라 건설 - 상하수도 건설, 신도시 건설, 구 도시 재정비
: 북한 인구 증가에 따른 신도시 추진
④ 발전 인프라 건설 - 수력, 청정 화력, 파력, 조력 발전
: 압록강 수력발전, 북한의 천연지하자원을 통한 청정 화력발전, 서해안 조력발전 등

3) 국경개발 + 북방개발 (천연가스 파이프라인, 석유 수송관 등)

전통적 국경개발의 상징인 나진-선봉지대 개발(남-북-중-러 합작)을 비롯하여 라오닝성 단둥 개발, 백두산 종합개발 등 국경개발은 가능성이 무궁무진하다. 관광객 유치, 국제 무역도시, 관세면제구역 등 다양한 형

태의 개발이 가능하며, 이해 당사국뿐 아니라 여러 국가의 투자도 손쉽게 끌어낼 수 있다.

자원강국 러시아로부터 가스 파이프라인을 건설하는 것은 2000년대 초반 미국 부시 행정부시절 북핵위기를 막는 소재로 활용되곤 했다. 지금도 유효하다. 러시아로부터 북한과 한국에 가스를 공급하고 북한은 통행료도 챙긴다. 석유 파이프라인은 러시아뿐 아니라 중국 만주 쪽에서 끌어오는 것도 가능하다. 마찬가지로 건설·개발단계에서부터 경기부양 효과를 충분히 일으킬 수 있다. 분단체제 속에 낙후된 북한 국경지역을 대대적으로 개발하는 것은 불균형 개발로 소외된 변방지역의 균형을 맞추고, 다시 자립하게 하는 것으로 경제뿐만 아니라 정치·문화적으로도 가치 있는 일임에 틀림없다.

6. 중국, 러시아, 유럽으로 이어지는 철의 실크로드

- 파리행 열차 티켓을 부산에서 구매

통일비전 중 첫손가락에 꼽히는 프로젝트다. 부산역에서 파리행 열차 티켓을 산다. 9박10일 / 요금은 50만 원, 열차는 부산역을 출발해 서울-함흥-블라디보스톡을 거쳐 시베리아를 횡단하고 모스크바-베를린을 지나 파리에 도착한다. 장거리 여행이다 보니 침대칸도 당연히 잘 구비되어 있다. 중간중간 거점 도시에 내려 관광하고, 다음 열차를 탄다……

이젠 배낭여행 티켓을 더 이상 비행기 표로 구매할 이유가 없다. 중간 기착지에서 잠시 쉬어 갈 수도 있고, 한 번에 직행할 수도 있다. 지나가는 도시와 국가의 풍경을 창밖으로 볼 수 있다는 것이 비행기와는 다른 강점이다. 그 철의 실크로드를 따라 사람(관광객)은 물론 물자와 자원이 오간다. 산업은 발달하고, 교류를 통해 모두 부가 증대한다.

한반도는 동북아의 관문이자 유라시아 로드의 출발점이자 도착점이어야 한다. 그런 의미에서 일본과 해저터널을 연결하는 일은 큰 패착이다. 일본이 종착지가 되면 우리는 단순 경유지로 전락한다. 양쪽 모두 우리를 거쳐 가는 '통로', '진출로'만으로 여기게 된다. 따라서 한일 해저터널은 절대 해서는 안 되는 프로젝트다. 최대 수혜는 일본에, 우리는 그저 통행료만 조금 받을 뿐이다.

다시, 철의 실크로드 이야기로 돌아오자. 러시아 루트 외에 중국 루트도 가능하다. 부산-서울-신의주-베이징-중앙아시아-오스트리아-파리 루트가 그것이다(물론 수많은 루트 중 하나의 예시일 뿐이다). 루트 개발은 무궁무진하다. 중국을 거쳐 인도대륙 탐험도 가능하고, 서남아시아를 거쳐 아프리카대륙을 종단/횡단하는 것도 가능하다. 남아공의 희망봉을 기차로 갈 수 있는 시대가 열리는 것이다. 여러 루트를 다 뚫어 놓으면 거꾸로 유럽과 중동의 배낭족과 관광객도 한반도로 끌어 올 수 있다.

이 얼마나 멋진 일인가! 한 걸음, 한 걸음씩 시작하자. 방향이 맞으면 속도는 때론 느려도 괜찮다. 언젠가는 가야 하고 한번 터진 물꼬는 계속 속도를 더해 흐르기 마련이다. 성급해 하지 말자. 주식도 그렇고 투자도 그렇듯이 한방에 대박을 노려선 쪽박으로 갈 확률이 크다. 그렇게 한 걸음, 한 걸음씩 가다 보면 분명 후세에, 안된다면 그다음 세대에는 이룰 수 있다.

7. 동북아시아 문화강국·도덕적 선진국

- 식민문화·국수주의 배격 ⇒ 민족적 특성(열린 민족주의) + 세계적 보편성 확보
- 선한 영향력 확대·신 한류 전파 ⇒ 이민 오고 싶은 나라

늘 누구나 꿈꾼다. 슈퍼 히어로를.

강하면서도 도덕적이다. 정의의 편이다. 나쁜 놈들을 남김없이 시원하게 혼내준다. 영웅 이야기다. 하지만 영화 속에만 존재한다. 현실에서 착한 사람은 늘 약하고 얻어맞고 죽임을 당한다. 정의로운 자는 힘이 없다. 힘센 자는 정의롭지 않다. 아주 약간만 정의로운 모습을 보이면 팬덤처럼 과도한 기대가 생긴다.

돌이켜 보면 학창 시절에도 가장 싸움을 잘하는 아이는 정의로움과는 거리가 있었다. 친구들을 괴롭히고 때리고, 무섭고 두려운 존재였다(물론 안 그런 친구도 있었다. 항상 예외는 있다. 나는 다만 그 경향성을 이야기하는 것이다) 싸움 잘하는 아이는 거의 절대 권력을 가지고 있었다. 반면, 공부 잘하는 애들은 이기적인 경우가 많다. 가장 착하고 도덕적인 애들은 조용하고 말 없는, 작고 힘없는 애들이었다.

국가도 마찬가지다. 미국이라는 초 강대국에게 우리는 아름다울 '미'(美)자를 쓴다. 일본은 미국을 부를 때 쌀 '미'(米)자를 쓴다. 땅이 넓어 쌀을 많이 생산하는 나라…… 나름 객관화해서 본 것이리라. 어떻게 보면 밥줄을 쥐고 있는 무서운 나라라는 뜻도 된다. 말풀이에 의하면 우리에게는 동경의 대상이 되고(문화적 측면), 일본에게는 경제적, 현실적 실리추구의 대상이 되는 것이다.

나의 어린 시절이었던 과거 1980년대 후반에는 신문에 일본을 시기하는 만평, 이른바 일본을 "경제동물"로 비하하는 만평을 자주 본 기억이 난다. (어렸을 때의 기억의 편린들이 크면서 그 당시의 의미를 되돌아보게 되는 묘한 경험을 하게 된다.) 일본에 대한 미움과 부러움이 질시의 형태로 나타난 것이리라…….

다시 이야기로 돌아와서, 미국은 전 세계를 상대로 싸울 힘이 있고, 그들의 이익을 추구하며, 도전하는 자는 강하게 응징한다. 미국민이 최우선이며, 미국의 국익을 위해 무력을 행사한다. 유럽은 그의 충실한 친구이자 친척, 혹은 조상이다. 문화적, 인종적 동질감이 크기에 미국의 전쟁 대상은 항상 비유럽이었다. 미국은 힘이 세기에 그들이 조금만 도덕적으로 행동해도 멋져 보인다. 스톡홀름 증후군도 아주 넓은 의미에서 공통점을 찾을 수 있다. 워낙 힘이 세면, 작은 개그에도 크게 웃고(웃어야 하고) 약간의 나쁜 행동을 해도 이해하고 받아들여야 하고, 조금의 선한 행동이 아주 멋져 보이는 이유가 그것이다. 힘의 논리다. 우리는 강자에게 관대하고, 약자의 작은 잘못은 용납하지 못한다.

결국, 하고자 하는 이야기는 이것 - 강해지자는 것이다. 우리나라가 통일이 되면 그 양립하기 어려운 도덕성과 강함을 동시에 추구할 기회가 생긴다. 민주주의를 이룩한 민주문화를 북한에 전파하면서 북핵을 비롯한 강한 무력을 확보한다면 그리고 그 핵을 방어용으로 평화적으로 보유한다면, 분명 우리는, 최소한 우리 국민을 지키고, 틀린 것을 틀린 것이라 말할 수 있는 도덕적 선진국이 될 수 있지 않을까…?

오랜 기간 약자의 굴레 속에서 억압당하던 이는 스스로 강해지기를 두려워한다. 쇠사슬에 묶인 아기코끼리가 어른 된 뒤에도 (쇠사슬이 끊어지거나 끊을 수 있는 힘이 있음에도 불구하고) 거기서 벗어나지 못하는 것처럼.

(중국의 영향으로 뼛속까지 체화된) 사대주의를 벗어나고 (일본에 의해 이식된) 군사주의, 군국주의 병영문화도 벗어나고, (미국에 의해 전파된) 자본주의의 모순점들을 극복해야 한다. 그리하여 찬란한 전통문화의 기반 위에 창의력을 더하고 타국의 좋은 점들을 선별 수용하여 문화를 꽃피우는 도덕적 선진국가를 이루기를 고대한다.

8. 동북아시아 경제·군사 강국

- 동북아 균형자 / 동북아 중심국가

한마디로, 과거 고려가 모델이다.

고려는 거란(요)과 송나라 일본, 그 사이에서 누구도 쉽게 무시하고 넘볼 수 없는 지정학적 한 축으로 자리매김했고, 동북아 3강으로 등거리 외교 - 중국의 송나라와도 대등한 외교 - 를 했다(송과 친교를 맺었을 뿐, 사대하지 않았다). 소위 오늘날 말하는 진정한 동북아의 균형자였던 것이다.

지금은 그때보다 절대적으로 강한 중국, 미국, 러시아, 일본 4강이 마주하고 있다. 경제력을 기본바탕으로 하여 균형을 잘 유지하고 외줄타기에 능해야 한다. 어느 쪽으로도 치우쳐서는 안 된다. 도랑에 있는 소(한반도, 한국)는 이쪽, 저쪽 둔덕의 풀을 모두 뜯어 먹어야 한다는 김대중 전 대통령의 말씀을 되새겨 본다. 미국과의 군사적, 정치적 동맹을 굳건히 하고 중국과는 경제 중심의 전략적 동반자 관계를 유지해야 한다. 일본과는 문화·관광은 개방·협력하되 등거리 외교가 필요하다.

사람관계에서도 마찬가지다. 누군가에 의존하게 되면 자립심을 키울 수 없고 스스로 일어설 수 없다. 진정한 아이교육은 아이가 독립·자립해 살아갈 수 있게 하는 것이라는 말도 있지 않은가. 피의존자는 의존자에게 더 많은 것을 요구하게 되고, 그러다가 점점 극단적으로는 노예화될 수 있다. 따라서 우선 스스로 일어날 수 있는, 자립할 수 있는 힘이 필요하다. 정치적, 군사적, 경제적 자립이 그것이다. 외세를 끌어들이면 화를 당하고, 힘을 기르지 않으면 먹히게 된다. 스스로 자립할 수 있을 때 지역 내에서 외교 및 중재자, 균형자 역할도 가능하다. 노무현 정부의 동북아 균형자론은 방향에서는 정말 타당했지만 그 당시 우리의 국력이 그에 미치지 못해 아쉽게도 실현되지 못했다. 지금은 어떨까?

지금 우리나라는 코로나라는 세계적 위기를 딛고 다시 세계 선진국의 문턱에 진입했다. 열린 소통, 투명성을 바탕으로 코로나를 지혜롭게 잘 대처하고 있다. 다른 권위주의 정부였다면 틀림없이 보우소나루의 브라질, 트럼프의 미국처럼 비극을 맞이했을 것이다. 문재인 대통령에 후한 점수를 주고 싶다. 지금 국민들의 평가는 부동산문제로 평가가 박할지 모르지만, 후세 역사가들은 아주 높이 평가하리라 확신한다. 아무튼, 이러한 여세를 몰아 경제에서도 십분 힘을 발휘하고 지혜롭게 외교문제에 대처한다면 통일의 문을 활짝 열고, 동북아 강중국이 되어 미·중·러·일 사이에서 실리를 취하는, 선진적이고 중립적인 동북아 균형자가 될 수 있을 것이다.

9. 남+북+해외동포 웅비 (열린 민족주의)

홍범도 장군의 유해가 80여 년 만에 조국으로 돌아왔다. 80년의 세월도 충격적이고 비극적이지만, 그동안 줄곧(해방 이후에도) 머나먼 이역만리 카자흐스탄에 유해가 묻혀 있었다는 것도 비극이다. 한 민족의 독립영웅이 수천 km 천리타향을 전전하다가 숨을 거둔 것도 민족의 비극이고, 남북분단과 약소국의 설움으로 지난 80년간 유해송환을 못한 것도 비극이다. 망국민의 설움, 약소국·약소민족의 설움을 톡톡히 겪은 상징적 사건이다.

이제, 우리의 국력도 강해져 다시 유해를 돌려받았다. 연해주 동포의 강제이주를 막을 힘도 없었던 나라 잃은 약소민족이었지만, 불완전하기는 하지만 이제 세계 10위권의 경제대국이 되었다. 한민족과 해외동포들이 주재국에서 (주재국민들에게) 괄시받고 무시받지 않기 위해서는 모국이 강해져야 한다. 그래야 해외 동포들도 자부심과 자긍심을 가지고, 주재국들도 동포들을 함부로 대하지 못한다. 세계 최강국 미국민을 어느 나라도 함부로 대하지 못하는 것이 단적인 예다.

민족이 설움을 받지 않기 위해 국력을 신장해야 하지만 절제해야 하는 부분도 있다. 히틀러가 내부의 불만을 밖으로 돌리기 위해 전쟁을 일으키고, 또 다른 불만을 해소하기 위해 내부의 유대인을 적으로 만들어 학살했듯이, 그리고 이스라엘도 동일하게 그들의 편협한 민족주의로 팔레스타인인들을 학살하였듯이 닫힌 민족주의는 폐쇄적이고, 파괴적이고, 공격적으로 변질된다. 따라서 우리는 열린 민족주의로 가야 한다. 민족의식을 공유하되, 이방인을 선별적이면서 동시에 개방적으로 받아들여야 한다. 이번 아프간 협력자들을 적극 구조(작전명 미라클)하고 그들의 정착을 도운 일은 좋은 첫걸음이 되리라 생각한다. 이러한 사례는 인구 감소에 대한 좋은 대응책이면서 동시에 외국의 좋은 문화를 받아들이고, 우리 자신을 객관적으로 돌아볼 수 있는 계기가 된다. 타인이라는 거울에 비추어 우리 모습을 성찰해 보고, 또 타인을 받아들여 더 큰 우리를 만들 수 있다.

상상해 보라. 코리아 축구대표팀의 최전방 공격수가 흑인이면 어떤가. 그레이트 코리아, One 코리아라는 울타리 아래 선한 난민을 받아들이고 귀화제도를 적절히 활용한다면, 남 + 북 + 해외동포 + 이민자까지 포괄하는 큰 강중국이 될 수 있다. 이민자가 노동력 제공, 인구감소 방지, 경제 성장의 보조 동력 역할을 할 수 있음은 더 말할 나위 없다. 독일이 적극적인 이민자 정책을 펴는 것도 그런 의미에서 옳다. 메르켈의 선견지명이 대단한 이유다. 인종주의로 학살까지 거친 독일의 과거를 볼 때그 용단이 더 훌륭해 보인다. 우리도 열린 민족주의로 인구 1억의 동북아도덕적 강중국을 만들자. 그 키워드는 개방성, 확장성, 보편성이다. 개방성, 확장성은 이민 수용이고, 보편성은 인류애에 바탕을 두고 그들의 인권과 국민(혹은 영주민)으로서의 생활권을 존중하는 데에 있다.

10. 진정한 한민족 시대 구현

어느새 마지막 장이다. 이야기의 끝이 가까워진다.

유전학적으로 모든 생명체는 자신의 DNA를 자손에게 물려주는 것이유일한 생존의 목적이자 본능일 수 있다. 작은 아메바부터 아직 지구상의 가장 고등생명체라 불리는 인간까지… 모두(혹은 대부분은) 자식이잘되기를 바라고, 자신보다 더 나은 삶을 살기를 바란다. 그렇게 된다면행복하게 죽을 수 있다. 자손은 또 하나의 "나"이기 때문이다. 그래서 자식을 먼저 보낸 부모의 슬픔은 인간이, 더 나아가 모든 생명체의 가장 큰슬픔이 아닐 수 없다.

본능을 인정하자, 다만 그것을 양질화해야 한다. 자신의 자식만 잘되길 바라면서 배타적으로, 이기적으로 자식을 키우고 돌보는 것은 좁은 곳만 보는 어리석은 행동이다. 자식을 포함한 후세대, 인류 전체를 보아야한다. 그래서 필자가 내린 결론은 "인류의 더 나은 미래"다. 인류가 이 지구 위에서 더 나은 미래를 만들어 가고, 지구를 넘어서 우주로 나가는 것도 더 나은 미래를 위해서다. 끊임없는 진보, 끊임없는 전진, 그것이 우리의 사명이자 의무다.

우리가 현 세대를 살고 가면서 배부르게 잘 먹고 잘 살다 가면 그것이 끝이 아니다. 그것은 살찐 돼지, 행복한 돼지와 다를 것이 없다. 우리는 후대에게 더 나은 미래, 통일된 조국, 하나된 코리아를 물려주어야 한다. 최소한 시작이라도 해 놓고 가야 한다. 이 땅을 분단시킨 선조와 외세들 덕에 그 고통을 직간접적으로 겪었고 또 겪고 있지만, 후세는 그렇지 않아야 한다. 지금보다 더 넓은 영토에서 더 많은 기회 속에 각자의 꿈을 펼치고 그 꿈들을 선한 방향으로, 모두를 위한, 모두를 향한 방향으로 모아가야 한다. 물론 그 속에서 개인은 더 존중되어야 한다. 집단의 목적을 위해 개인이 결코 희생되어서는 안 된다. 이 명제가 무시될 때 파시즘, 집단주의는 시작된다.

인류의 영원한 스승들, 석학들, 선지자들의 지혜를 모아, 잘못된 실패의 전철을 거울삼아 인류는 기후위기와 그 밖의 모든 위기들을 잘 극복하고, 멸망으로 가는 시계를 멈추고, 다시 역사의 수레바퀴를 앞으로 굴릴 것을 믿어 의심치 않는다. 꼭 그래야만 한다.

에필로그 - 너의 코리아는 나의 코리아보다 더 빛날 것이다

사람은 그 누구도 그가 살고 있는 시대에서 자유로울 수 없고 시대의 영향을 받는다. 따라서 그 시대의 모순·과제에 어느 만큼 다가서느냐가 그 사람의 생애를 평가하는 기준이 되어야 한다.

우리 시대의 지상 과제는 무엇인가? 당연히 분단의 해소 - 즉 통일이다. 일상적 과제는 인류의 역사와 함께 종말까지 계속된다. 나고 자라고 병들고 죽고, 싸우고 화해하고 미워하고 사랑하고, 기쁘고 슬프고 행복하고 우울하고…… 이러한 개인적 대소사는 모든 이들에게 반복적으로 일어나고 또 무한히 계속된다.

하지만 그 속에서 한 생애를 관통해서 그 시대가 제시하는 숙제를 하는 일, 혹은 숙제에 다가서는 일은 참 고귀하다. 파스칼이 말한 것처럼 사람은 생각하는 갈대, 연약하지만 생각하기에 (그 자신은 곧 죽는다는 것을 아는 갈대이기에) 소중한 존재, 고귀한 존재가 되는 것이다. 주어진 시대적 소명을 직시하고 그 모순…… 분단의 모순을 해결하는 데, 분단시대를 해체하는 데 아주 작은 계기를 마련하고 죽을 수 있다면, 미약하나마 작은 보탬이 되고 죽을 수 있다면 지난 삶은 행복할 수 있지 않을까?

참 모질고 힘들었던 시대였다.

한반도에 태어났다는 이유로 착취·수탈당하고 끌려가 죽고, 고문 받고, 학살당하던 수난의 지난 세기였다. 한민족의 운명은 참 기구했다. 한때 저 넓은 만주를 호령하며 대륙과 제국을 꿈꾸었지만 대륙을 읽고 반도로 쫓겨 내려와 그것도 허리가 잘린 더 작은 아래쪽 귀퉁이에 갇혀 꿈을 상실하고 살지는 않았는가. 고구려·발해의 대륙적 기상과 장보고·이순신의 해양적 기상을 이어받아 대륙과 해양 양 방향으로 나가야 한다.

조국과 - 겨레와 - 바다에 -

진해 해군사관학교 건물 벽에 크게 씌어 있던 글귀다. 과거 해군 사관후보생 시절 연병장을 돌며 수없이 보며 되뇌었던 문구다. 참 좋은 문구다. 해군 장교로 복무했음을 자랑스럽게 생각한다.

뉴튼은 작은 조약돌에서 바다와 우주를 상상했다. 나는 일산의 호수공원에서 통일된 '조국'과 '겨레'와 '바다'를 상상해 본다. 통일 한반도와 활기찬 열린 민족의 경제 중흥기를 꿈꾸어 본다. 부끄럽지만 이 책에 그 비전을 제시해 보고자 하였다.

"너의 코리아는 나의 코리아보다 더 빛날 것이다."

이 문구는 예전 권위주의 정부의 공익(?) 광고였지만 그 울림만큼은 컸다. 부모는 자신의 꿈을 덜어 자식에게 준다고 했던가…… 아이들에게 늘 미안하고 고맙다.

너희들의 코리아는 이 못난 아빠의 코리아보다 더 찬란할 것이다. 그 길에 아주 미약하나마 도움이 될 수 있다면, 아빠는 행복할 것이다.

한국인으로서 한민족·코리아인으로서 그리고 세계시민으로서 더 큰
포부와 긍지를 갖고 미래로 힘차게 나갔으면 한다.

절대 용기를 잃지 말고, 너의 삶을 살아라

끝으로,

오늘보다 나은 내일, 그것이 우리의 사명이다.

다시 꿈꾸자 코리아여

우리는 강한 민족이다.

부록. 통일과 관련된 추가적 아이디어

■ 주변 4강의 통일 반대를 어떻게 이겨 낼 것인가

주변 4강들에게 통일은 그들의 이해와 일치하는 면도 있고, 상반되는 면도 있다. 우리는 주변 4대국의 이러한 관계를 면밀히 검토하고 슬기로운 정책을 세워 그들이 한반도 통일이 자신들의 이익과 일치할 수 있다면 그것을 확신시켜 자발적으로 우리의 통일에 협력하도록 이끌어야 한다. 슬기와 인내심과 고도의 외교능력이 우리 민족에게 요구되는 것이다.

- 김대중 전 대통령 어록 中에서

통일을 반대하는 자는? 일본·중국·미국·러시아 4강이다. 왜? 통일 한국은 더 강해지고 더 커지며 그들의 이해관계를 위협할 수 있는 강중국이 될 수 있기 때문이다. 반도국가가 강성해지면 과거 로마처럼 해양과 대륙 양쪽으로 모두 뻗어 나가며 융성해진다. 통일 한국도 그럴 잠재력이 있기 때문에 주변 4강이 경계하는 것이다. 따라서 우리는 최소한 그들이 반대하지 않게 (묵인할 수 있게) 지혜로운 외교력을 펼쳐야 한다. 한반도 통일이 최소한 그들의 이익을 직접적으로 침해하지 않는다는 확신을 주어야 한다.

① 일본

일본은 우경화·극우화를 벗어나지 않는 한 끝까지 한국의 통일을 반대할 것이다.

일본의 대 한반도 정책은 과거 정한론 이후 투 코리아 - 두 개의 한국 정책으로 이이제이, 힘을 나누고 합치지 못하게 하여 한반도를 자신들의 하위체제로 종속시키는 전략을 쭉 고수해왔다. 일본이 통일을 가장 적극적으로 반대하는 것만 봐도 역설적이게도 그것이 우리가 통일을 가장 강력히 추구해야 하는 이유가 된다. (진실을 숨기려는 자, 그자가 범인이다. - 통일을 막으려는 자 일본, 통일이 얼마나 일본에게 불리하고 우리에게 좋으면 기필코 막으려고 하는 걸까? - 한반도 종전선언에 대해서도 일본은 '시기상조'라는 이유로 반대한다. 아직 한반도에서 준전시 상태가 지속되는 것이 그들의 이익에 부합하기 때문일 것이다.)

일본은 북한의 위협을 근거로 자위대의 부활과 평화헌법 개정을 목표로 하기에 한국의 평화통일을 결코 바라지 않는다. 따라서 한반도의 평화통일을 최소한 방해하지는 않도록 묵인하는 차원에서 묵시적 지지를 이끌어 내는 것을 최대의 목표를 잡아야 한다. 일본은 과거부터 한반도를 일본을 향해 목을 누르는 비수 혹은 단검에 비유하며 한국을 경계하고 있고, 지금도 변함없다. 따라서 평화로운 한반도가 그들의 발전에 방해가 되지 않는다는, 필요하면 일본의 최소한의 대북투자도 허용하는 쪽을 통해 그들의 묵시적 지지를 이끌어 내야 한다.

② 미국

미국은 군산복합체의 이권을 위해 "가상의 적"이 필요하다. 그 대상이 북한인데 바이든 정부에서 "실체적 적", 현실적 적으로서 중국이 부상함으로써 북한을 인도-태평양 방어체제의 범위 내로 끌어들이는 것이 유리한 전략임을 계속 설득해야 한다. 또한 한반도 통일 이후에도 주한미군이 계속 주둔함으로서 중국을 견제하고 동북아의 전략적 역할을 계속할 수 있음을 알리고 적극 설득해야 한다.

③ 중국

통일 한반도가 중립적 성향을 유지한다는 것을 강조하는 것이 포인트다. 남한만의 강력한 한미동맹체재가 남북통일을 거치며 그 강도가 조금은 약해질 수 있고, 중국 국경에 중립화적 평화국가가 자리 잡는 것이 중국의 동북지역 안정과 개발에 도움이 될 수 있음을 설득해야 한다.

④ 러시아

연해주 지역의 안정 및 에너지 협력·지역개발 등을 설득해야 한다. 통일 한국 전역에 러시아를 통한 원유 및 가스관을 설치·연결하여 영구적인 경제적 이득을 얻을 수 있음을 적극 설득한다. 통일 한반도를 통해 극동지역 개발에 박차를 가할 수 있다면 (통일 한반도가 러시아에 적대할 이유가 없고, 극동함대 등 러시아군에 큰 위협이 되지 않는다는 전제에서) 러시아는 통일에 반대할 이유가 크지 않을 것이다. 또한 러시아와의 연합을 통해 일본을 견제하는 이이제이 전략도 가능하다(일본과 러시아는 사할린 근처 섬 영토분쟁 등으로 관계가 좋지 못하다. 이를 적극 활용해야 한다).

■ 타국의 통일사례 연구

① 독일 : "평화"(1990년 통일)

1985년, 소련 공산당 서기장 고르바초프의 페레스트로이카 정책에 따라서 동유럽 공산주의 국가들은 점차 시장경제와 민주주의를 도입하여 자유화가 진행되었고, 동독 주변 공산국들도 자유화와 시장경제를 도입해 나가자 동독도 이를 거부할 수 없는 상황에 이른다. 과거 서독이 1970년대 빌리 브란트 수상 때부터 '동방정책'을 통해 동독 및 동유럽 공산권 국가들과 관계를 개선해 나갔고 그 이후부터 정권교체와 상관없이 지속적이고 일관적인 통일정책을 유지해 왔다. 그 결과 소련연방의 해체에 임박해서 동독이 급격히 무너졌지만 큰 혼란 없이 흡수통일로 나아갈 수 있었다. 통일에 따른 후유증은 다소 장기화 되었지만 2000년대 초 메르켈 시대 이후 상당부분 극복되었고 현재 독일은 유럽연합의 최대 주축국이 되었다. 다소 급격한 흡수통일이었지만 수십 년이라는 오랜 준비과정이 있었기에 그 충격을 최소화할 수 있었다.

② 베트남 : "전쟁"(1975년 통일)

프랑스의 식민지였던 베트남은 프랑스 철수 후 인도차이나반도의 공산화를 막고 영향력을 확대하려는 미국의 지원을 받아 응오딘지엠 정부가 들어섰다(응오딘지엠은 우리나라의 이승만과 자주 비견된다). 또 다른 외세인 미국을 등에 업었기에 응오딘지엠 정부는 베트남인들의 지지를 얻지 못했고 학정과 학살 등으로 민심을 더 빠르게 잃어갔다. 반면, 독립영웅 호치민이 주축이 된 북베트남 공산정부는 외세배격을 통해 민족적 정통성을 확보하고 토지 평등분배 등을 친 민중 정책을 통해 빠르게 민심을 얻어 갔다. 전쟁, 특히 장기전은 결국 민심을 얻는 자가 이기게 마련이고, 미국의 엄청난 물량공세와 막강한 화력지원에도 불구하고 남베트남은 결국 패망하고 만다.

③ 예멘 : 합의 통일 후 재분단과 무력통일

독립시기와 이념의 차이로 북예맨(1918 : from 오스만제국 / 사회주의), 남예맨(1967 : from 영국 / 공산주의)로 나뉘었으나 1990년 합의에 의한 급격한 통일을 이룬다. 그 후 급속한 통일에 대한 후유증으로 1994년 남예멘 부족들이 독립을 하고 남북이 전쟁을 치루었으나 북예맨의 승리로 무력통일을 이룬다.

- 고찰

① 준비 기간의 필요 - 준비 없는 예멘의 통일은 몇 년 후 재분단과 전쟁이라는 재앙을 초래하였다. 반면 오랜 기간 준비한 서독은 급격한 통일을 이루었음에도 불구하고 다시 내전이나 재분단의 상황에 이르지 않고 재도약을 이루고 있다.

② Bottom-up 방식의 통일 - 베트남의 예에서 보듯이 국민의 지지를 얻은 북베트남은 끝내 승리했고 국민의 신임을 잃은 남베트남은 미국의 막강한 물적 지원에도 불구하고 패배했다. 따라서 통일정책과 전략, 지향점 등은 충분한 국민적 합의와 공감대 형성이 이루어져야 하고, 이를 바탕으로 추진한 통일만이 후유증을 최소화하고 다시 재도약으로 나갈 수 있음을 타국의 통일 사례에서 배울 수 있다.

■ 통일의 핵심인 "교류"에 대한 고찰

- 끝없는 교류, 교류, 교류

빨간 페인트물과 파란 페인트물이 반반씩 담긴 통에 여러 연결통로로 (아주 작더라도) 물방울이 오가다 보면 먼 훗날에는 두 가지 색이 하나의 색(검은색)이 된다. 아주 작은 한 방울 한 방울이 중요한 것이며 그것이 교류다. 한번 합쳐진 (검은색) 물방울을 다시 파란색, 빨간색으로 나누기 어렵다. 일단 물꼬만 트면 속도의 문제일 뿐, 시간이 흐름에 따라 언젠가는 하나로 합쳐진다. 따라서 시작이 중요하다. 작은 물방울이 물줄기를 만들고, 물줄기는 다시 거대한 흐름(Stream)을 만들어 마침내는 폭포수처럼 흘러 바다와 소용돌이치며 만나 대양으로 나가게 된다. 교류하면 닮아 가고, 닮다 보면 어느새 하나가 된다. 교류의 물꼬 트기 - 시작은 반이 아니라 거의 전부다.

※ 교류의 힘

과거 미국의 인종차별 사례에서 보듯이 흑백 분리와 같이 두 집단을 격리하고 나누면 서로 반목할 수밖에 없다. 서로에 대해 잘 모르고, 두려워한다. 또한 나치가 유대인 차별을 한 것처럼 내부통제(결속) 혹은 내부의 정치적 목적을 위해 일부 집단을 매도·공격하고 공포심을 조장한다. 한국과 북한이 그래왔다. 각자의 주민들을 결속하고 다른 주장을 봉쇄하기 위해, 통치의 수월성을 위해 상대를 악마화하고 공포심을 조장함으로써 정권을 유지해 왔다. 여러 인종의 학생들을 한 반에 섞어 놓으면 서로 대화하고 교류하는 과정 속에서 친해지며, 서로에 대한 이해도가 높아지고 그들도 결국 다르지 않은, 같은 사람임을 알게 된다. 정·반·합의 원리처럼 정과 반이 만나 결국 합이 된다. 교류의 물줄기가 지속되며 넘나들다 보면 작은 물줄기는 결국 큰 물줄기로 합쳐지고 거대한 물결을 만들어 바다로 간다.

지구촌 문명·인류의 역사를 보면 항상 개방적이고 교류에 앞장섰던 민족은 자신의 모습을 좀 더 객관적·비판적으로 반추해 볼 수 있었고, 자신들에게 없는 것, 부족한 것을 빨리 파악하고 받아들여 고치려 했다. 그 결과 서로가 서로에게 좋은 영향을 끼치며 협력적 발전, 때론 경쟁적 발전을 했다.

반면, 폐쇄적인 지역, 국가, 민족은 오늘날까지도 알려지지 않은 오지 어디에선가 살며, 그들만의 고유한(?) 폐쇄적 문화를 지키며 산다. 그게 좋은지의 판단은 여러분의 몫이다. 한국에서도 조선은 정조 이후 폐쇄적 쇄국정책을 지속하다 나라를 빼앗기고 백성들은 수난을 겪었다. 해방 이후에도 남북은 각각 폐쇄적인 공산주의, 폐쇄적인 반공주의의 양극단만

치닫다가 개방적인 영세중립화에 실패하고 동족상잔의 비극, 독재국가의 비극을 겪게 된다. 따라서 이처럼 개방과 교류의 힘은 중요하기에 이제라도 남한과 북한도 교류를 강화하여, 동질성도 회복하고 하루속히 상호 협력적·경쟁적으로 발전해 나가야 한다.

자유왕래도 교류의 하위개념이다. 이산가족 상봉을 전제로 고향 마을, 친척 마을 등 북한과 남한 어디든 자유롭게 다니고 여행하고, 관광할 수 있어야 한다. 통행의 자유(거주이전의 경우 급속한 인구이동과 엑소더스가 발생할 수 있기에 양 당국이 협의하여 허가제나 쿼터제 등을 통해 점진적으로 늘려가거나 속도를 조절하는 것이 필요하다)를 보장하고 서로의 문화와 환경을 보고, 체험하고 느낄 수 있게 해야 한다.

■ 국가의 정의

- 통일을 하기 위해서는 국가를 재정의할 필요가 있다.

① 국가란 무엇인가

결론부터 말해 국가란 국민의 보호막이요 방어막이다. 내·외부의 공격으로부터 국민을 지켜 내는 이지스의 방패다. 외부의 공격은 이민족의 침입, 외국의 공격 등 물리적 공격부터 (일본의 대한국 수출규제, 혹은 환율전쟁 등과 같은) 경제적인 공격 등이 있고, 내부의 공격은 전염병이나 홍수, 가뭄, 지진 등 자연재해 혹은 인적재해(원자력누출사고 등) 등이 있다. 이러한 외부 공격, 내부적 공격(재해) 등으로부터 국민을 지켜 주는 것이 국가의 첫 번째 존재 이유다.

　나라다운 나라 - 그것은 국민을 지키는 나라이며, 국민의 생명, 재산, 인간다운 삶, 행복한 삶을 지켜야 한다. 국가는 국민으로부터 권력을 위임받고, 국민이 낸 세금으로 운영하는 군대, 경찰, 소방관, 병원 등을 통해 국민을 지키고 돌본다. 또 국민을 고용해 그 집행 주체가 되기도 한다. 선순환이다. 지키고, 지켜 주는 제도적 합의 체계 - 그것이 국가다. 여기서 조금 더 나가면 교육과 문화창달도 국가의 역할로 볼 수 있는데 인간의 근원적 이기심을 억제하고 좀 더 고귀한 인성, 문화를 갖고, 유지하도록 도와주는 것이다.

② 성악설과 국가

　나는 최소한, 적어도 성악설을 지지한다.

　인간은 악하다. 인간은 육체를 가졌기에 악하다. 욕망, 식욕, 성욕, 수면욕, 배설욕 등 기본적 욕구가 충족되어야 인간은 편안함을 느끼기에 인간은 태생적으로 욕구 지향적이며, 안락함을 추구한다. 육체는 편안함과 안락함을 원하기에 상황에 따라 타인의 불편함도 무시한다. 따라서 인위적인 법과 도덕, 교육과 이성의 힘으로 이러한 욕망을 잘 조절하고 좀 더 고차원적인 욕망, 지적 호기심, 문화창달, 선한 영향력 행사, 이타심 발휘 등을 유도해야 한다. 이를 위해 국가는 여러 교육과 법, 제도를 만들고 최소한의 사회적 합의(법)를 지키지 않은 자를 벌하고 본보기 삼음으로써 사회와 제도를 유지한다.

　사회와 제도, 나아가 국가가 없으면 인 대 인 - 정글의 법칙만 난무한다. 천민자본주의도 같은 모습이다. 이는 소설 '파리대왕'의 섬에 정착한

소년무리가 야만인이 되어가는 모습에 적나라하게 잘 묘사되어 있다. 국가는 이러한 인간의 이기심을 억제하고 좀 더 높은 문화의 힘을 갖도록 이끌어야 한다. 물론 국가는 방향을 제시하고 이끌 뿐, 실제 움직여야 하는 것은 국민, 국민 모두다.

■ 국가의 존재 의의와 해외동포문제

강한 나라의 국민은 해외 어디를 가도 당당하다.

미국만 봐도 세계 어디를 가든 모국어(영어)를 쓰면 되고 모국화폐(달러)를 쓰면 된다. 자국민이 납치되면 어디든 달려갈 강력한 U.S. Army와 Navy가 있다. 그래서 문화적으로도 미국은 〈기생충〉이 아카데미 작품상을 타기 전까지 외국어 영화에 대한 차별이 심했고 자막보기를 꺼려했다고 한다. 미국 같은 초 강대국만이 할 수 있는 일상이다. 이제 그 자리를 중국이 넘보고 있다. 어디를 가도 중국어를 자연스럽게 쓰고 위안화를 기축통화처럼 사용하며 중국인이 피해를 당하면 인민군이 즉시 달려간다……. 머지않은 현실이고 우리는 이에 대비해야 한다.

그러한 BIG-TWO 시대에 우리도 강력한 하나의 나라를 이루어(아직 우리는 독립되고 통일된 근대국가를 이룬 적이 없다) 외국에 있는 자국민을 보호하고 권익을 지켜야 한다. 강력한 모국의 존재만이 재외국민 해외동포, 2세, 3세 4세… 모두에게 강한 긍지와 자부심을 줄 수 있다. 난 어디어디 출신이라고…… 뿌리를 밝히는 일. 이것은 인간의 본성의 문제다.

망한 조선의 국민은 세계 어디에서나 차별받았다. 일본인도 아니어서 주류 일본사회에 끼지도 못하고 국적 없는 국민처럼 무시당하고 중국인 동남아인보다도 차별받았다. 그러한 차별을 극복하기 위해 2배, 3배로 노력했고 그 과정에서 많은 에너지를 소진해 왔다. 진보주의, 사회주의, 평화주의, ESG, 환경주의, 생태주의, 무정부주의, 세계시민…… 다 좋은 말이다. 그러나 하나의 나라가, 모국이 지켜 주는 울타리 없이 국민이, 재외국민이 행복할 수는 없다. 글로벌한 세계·환경 이슈를 주장하고 강력하게 끌고 가는 일도 강국이 주도하면 훨씬 수월해진다. 그것이 싫더라도 현실이다. 국가의 울타리 없이 진보와 평화를 외친들 강력한 국가 울타리 안의 보수의 이기적 주장보다 주목받지 못할 가능성이 크다. 국가 밖은 정글 그 자체이기 때문이다.

힘이 있는 자만이 평화를 지키고, 소중한 것들을 지켜 낼 수 있다. 평화만 외친 채 스스로를 무장해제하는 우를 범하지 않아야 한다. 무장해제의 다음 수순은 식민이다. 식민조국의 백성이 되고 싶은가? 힘을 길러야 하는데 그 근본은 경제력에 있다. 그 위에 군사력을 증강시키고 문화를 꽃피워야 한다. 군축은 경쟁국과 동시에 해야 한다. 문화와 평화는 힘이 있을 때 꽃피우고 지킬 수 있다. 힘없는 평화와 문화는 자기위안이고 상념일 뿐이다. 따라서 하나가 되기 위한, 더 강해지기 위한, 더 커지기 위한 통일이 필요하다. 강한 국가만이 자국민을 안전하게 지킬 수 있기에, 국민(재외국민, 해외동포 포함)을 보호해 주는 강한 국가가 되기 위해 통일이 필요하다.

■ 역사 발전의 단계

- '정'과 '반'의 영원한 갈등과 '합'의 도출(변증법)

필자가 생각하는 역사발전의 기본 단계는 다음과 같다.

한 사회(혹은 국가) 성립 ⇒ 내부모순 축적 ⇒ 내부의 반대 세력(힘)에 의해 전복(교체) or 외부 힘(타국의 침략 등)으로 멸망 ⇒ 신생 사회(국가)의 성립 혹은 이웃 세력에게 흡수·병합

① 고대
노예계층 vs 지배계층(혹은 정부) : 지배계층의 압도적 힘 지속 (노예반란 스파르타쿠스 실패 등)
② 기원 후
평민 vs 양반(귀족) / 국가 vs 국가 구도 (더 강력하고 발전된 국가가 이웃 국가들을 정복·흡수 ⇒ 힘의 충돌 후 강한 힘으로 흡수)
③ 조선시대 : 왕권 vs 신권 지속적 대립 / 정조를 끝으로 신권으로 쏠림(세도정치 등장, 부패) ⇒ 하부의 힘(홍경래의 난, 동학 실패) ⇒ 결국 사회 모순 축적 끝에 외부의 힘(일본)에 의해 망국·병탄

한국의 독립은 내부 힘 획득에 의한 독립 아닌 외부 힘에 의한 독립(미·소 두 힘 아래 김일성, 이승만이라는 하위 힘 결집)이었고 북한은 과거 내부 힘 일원화 사회(상부 힘만 존재)를 지속해 오다 외부 경제제재로 현재 한계에 봉착하는 상황이고, 대한민국은 상부 힘(정부)이 하부 힘(노동자·시민 사회)을 눌러 오다 민주화 이후 하부 힘이 성장(균형사회로 가

는 과정)하는 단계다.

대한민국의 힘이 북한을 흡수 통일할 정도로 압도적이지 않다. 현실적으로 외부 힘(미·중)이 압도적이라 현재 자력통일은 불가하다(더욱이 외부 힘은 통일을 반대한다.) 따라서 내부 힘 증강 필수이며 그 순서는 다음과 같다.

(1) 대한민국 자체경제력 확대[내수시장 확대] ⇒ (2) 전작권 전환 통한 군사주권회복 [+군사력 증대) ⇒ (3) 상호불가침[+북한핵 묵인+북한경제지원] ⇒ (4) 2국가 체제인 정[느린 통일 감수] ⇒ 동질화(자유왕래+대북투자/ 두 힘이 충돌치 않기 위해 동질화 중요) ⇒ (5) 남·북 합친 힘이 외부 힘과 대등할 때(외부 힘이 최소한 통일 반대치 않을 때) 통일 가능

※ 북한 힘이 약해져 붕괴 시 외부 힘(4강대국 : 미·중·러·일)에 의한 북한 분할점령비극이 발생한다. 즉, 남한의 힘이 압도적이어서 북한을 흡수할 정도가 되어야 하나 분단상황의 반쪽성장으로 인해 여러 면 즉 군사적, 경제적, 외교적인 면에서 압도적이지 못하고, 더욱이 외부세력 미국, 중국의 힘이 압도적이라 자력으로 인한 독자통일이 힘든 상황이다. 외부세력의 절대적인 힘에 비추어 그에 반하여 통일이 불가능하므로 그들이 통일을 반대할 때는 지속적으로 내부의 힘을 응축하기 위하여 북한을 지속 지원하여 한반도 전체의 힘(π)을 키워야 한다. 그러다가 외부의 힘이 정책 변경 혹은 각국의 내부사정으로 최소한 한반도 통일을 방해하지 않는 상황이 될 때, 비로소 4강대국의 지지 혹은 묵인 속에 통일이 가능할 것이다.

따라서 급격한 통일을 바라지 말고 2국가(연합국가) 체제하에서 자유로운 왕래, 국경개방, 투자 등을 통해 느슨한 국가 연합형태(혹은 상황이 주어지면 느슨한 연방제도 가능)를 지속하며 각자의 힘을 키워야 함이 중요하다.

■ 통일 방법론 정리

김대중 전 대통령 3단계 통일론과의 3단계·3지속론의 결합

※ 김대중 전 대통령의 3단계 통일론 : 2국가 연합체제 개시 → 1국가 2체제/연방제 → 1국가 1체제

※ 결합 : **[2국가 연합체제 개시]** (양국의 체제를 유지하면서) 자유왕래·자유투자·교류활성화/ 문화·경제 통일(화폐 통일 등) ⇒ **[1국가 2체제/연방제]** 군사·외교 통일 ⇒ **[1국가 1체제]** 정치 통일

분단된 상태에서 그것도 자본주의와 공산주의의 양극단의 정치체제로 70년을 지내 왔는데 쉽게 합쳐지기도 어렵고 흡수통일은 북한에서 바라지 않을뿐더러 우리에게도 큰 부담이 된다.

따라서 국가연합 과정을 거쳐 지속적 동질화 과정을 거쳐 연방국가로 가야 한다 (2국가 연합 - 지속교류 통한 이질감 완화를 거쳐 1국가 2체제[연방국가]로 간다) 국가연합 실시 후 지속 과정에서 양화가 악화를 구축토록하여 문화통일 및 경제통일을 이루고, 2단계에서 외교·군사를 통일

하여 연방제 국가를 이룬다. 마지막 3단계에서 정치를 통일하여 완전한 통일국가를 이루게 된다.

2단계(연방제)에서 군사력은 각자의 나라에서 국민에 의해 선출되고 위임받은 두 권력의 의사가 합치될 때만 군사력(혹은 핵무기를) 쓸 수 있게 해야 한다. 그것이 최소한의 힘의 균형이다. 둘은 공동의장이 된다. 양쪽의 공동합의 없이는 군사·외교의 어떠한 중대 결정할 수 없도록 과도기를 둔다. 충분한 기간이 지난 후 최종 3단계에서 남북이 5:5의 투표권으로 전체 의장(총리 혹은 대통령 등)을 선출하여 정치 통일을 이룬다.

2국가 연합체제에만 진입하게 되면, 통일의 물꼬를 튼 것이니 그 이후의 시간은 아무리 길어지더라도 조급해 할 필요 없고, 후세의 판단에 맡겨도 된다. 따라서 2국가 연합체제 진입만이라도 이루는 것이 현세대의 의무라 생각된다.

자유왕래를 통해 동질감을 회복하면 문화가 통일되고 자유투자로 경제가 통일되면서 불안요소인 군사와 외교도 통일하고 최후에 총선거 등을 통해 정치까지 통일할 수 있다. 그러면 통일은 완성된다.

군사력과 외교권을 합치는 과정에서는 5:5동수 위원회를 두어 다수결이 아닌 만장일치 의결체를 이루어 완전히 합의된 사항에 대해서만 새로운 행위를 진행할 수 있도록 하여 양 체제를 설득·안심시킬 수 있다. 단독 의장 없이 각 1명씩 2명으로 된 공동의장을 두고 회의를 관리/대표하는 소극적 역할에 그치게 한다. 과도기의 일정 기간은 코리아의 민족협의회 공동의장이라는 2명의 대표가 코리아를 대표하게 된다. 충분한 시간이 흐른 뒤, 남북 5:5 동수 투표를 거친 후 단독 의장(대통령 혹은 총리)을 선출하면 비로소 1국가, 1정치체제는 완성되게 된다. 1국가 2연방 (외교와 군사 통일) 단계에서 각각 정치체제는 다르기에 선의의 체제경쟁을 할 것이다. 자유롭게 양쪽의 소식·정보 등을 비교하게 된 국민은 둘 중 더 나은 체제를 선택할 것이다. (물론, 극단적 파시즘이나 공산주의는 배격해야 한다. 아마 온건 자유민주주의 어디쯤이 되리라 예측해 본다.)

■ 핵포기 문제

　개인적인 견해이지만(반핵주의자들에게는 미안하지만), 핵무기는 묵시적 승인 즉, 파키스탄 모델을 통해 통일 한국이 보유하는 것이 국익에 더 부합한다고 생각한다. ICBM 같은 대륙 간 탄도미사일이야 미국의 압력 때문에 개발하지 못하더라도, 최소한 중국 전역은 사정권에 넣어야 중국을 비롯한 타국들에게 무시받지 않고 자주권을 지킬 수 있다. SLBM, 순항미사일 등을 포함하여 북한의 핵개발 능력을 고스란히 흡수하고 남한의 전자·IT기술을 병합해 군사강국·핵강국으로 간다면, 20세기 초 나라를 빼앗기고 수탈당하고 민족끼리 죽고 죽이던 그 비참한 비극을 두 번 다시 겪지 않을 수 있을 것이다. 물론 평화적 관리가 토대가 되어야 하고, 무력은 어디까지나 최후의 수단이다. 최후의 수단인 무력을 가지고 있어야 주변이 우리를 함부로 넘보지 못한다. 4대국의 묵시적 승인 아래 핵주권을 회복하고, 평화적으로 핵을 통제·관리하자. 리비아나 남아공, 혹은 우크라이나처럼 핵을 자진 해체하는 어리석음을 범해서는 안 된다. 핵주권 회복, 여러분의 판단에 맡겨 본다.

■ 햇볕정책의 경제학

내쉬균형(Nash equilibrium)과 선량한 사마리아인의 믿음[1]

  북한의 핵미사일 발사와 개성공단 폐쇄문제 등으로 남북관계가 큰 위
기에 처해 있다. 이러한 위기상황에서 과연 햇볕정책이 여전히 유효할
수 있는지 살펴보자.

  햇볕정책은 화해와 포용을 기본 태도로 남북한 교류와 협력 증대를 추
구한 김대중 정부의 대북 유화정책이다. 선한 사마리아인(괴로워하는 사
람에 대한 자비와 친절의 대명사)의 입장에서 동족에게 사랑을 베풀면
동족은 차마 선한 사마리아인에게 은혜를 원수로 되갚지는 않을 것이라
는 신뢰를 기본으로 하고 있다. 이 정책을 게임이론에 적용해 보자.

표3. 남북한의 고민모형

남한의 고민 (South korea's dilemma) / 북한의 고민 (North korea's dilemma)		남한에 대한 정책	
		온건책 (교류, 협력 강화)	강경책 (핵개발, 국지도발)
북한에 대한 정책	온건책 (햇볕정책)	평화통일 (+100) / 평화통일 (+100)	체제보장 (+50) / 배신감 (-10)
	강경책 (대북압박)	강경책으로 회귀 전쟁위험 높아짐 (-50) / 전쟁위기 높아짐 (-50)	핵전쟁 (-100) / 핵전쟁(-100)

---

[1] 필자의 기 출간 도서 『헬조선 경제학』에서 원용한다.

남북한은 각각 강·온건책을 사용할 수 있는데 강 대(對) 강은 핵전쟁이라는 -100-100= -200이라는 최악의 결과를 가져온다. 온건 대 온건이라는 조합은 평화통일이라는 +200의 효과를 가져온다.

선택의 카드는 남한이 쥐고 있다. 남한이 어떠한 카드를 사용하느냐에 따라 북한이 그에 대해 반응하는 '남한의 선조치', '북한의 후대응'의 전략 구도이기 때문이다.

(A) 남한이 온건책(햇볕정책)을 선택하는 경우

이 경우 북한은 온건책을 선택하여 개혁·개방을 통해 평화통일로 가거나(+100), 강경책을 고집하여 체제유지(+50)를 선택할 수 있다. 일부 군수뇌부는 후자를 선택할 수 있지만 북한 지도부가 북한주민과 민족을 생각한다면 전자를 택할 가능성이 높다. 아무튼 이 경우 북한에게는 둘 다 이득이다.

남한이 온건책을 쓰는 상황에서 북한도 온건책을 쓰면 평화통일이라는 최상의 결과를 얻지만(+100), 북한이 강경책으로 체제유지를 선택해도 (자신들을 도와준 동족 남한을 핵공격하지 않는다는 선한 사마리아인의 믿음을 유지한다는 것을 전제로 하면) 잃는 것은 배신감(-10)뿐이다.[2]

---

2 만일 북한이 자신을 도와준 동족 남한을 핵공격한다면(북한이 선한 사마라인의 믿음을 져버린다면) 이 게임의 구도는 성립하지 않고 남한이 온건책을 선택해도 핵전쟁이라는 최악의 결과가 발생할 수 있다.

(B) 남한이 강경책(대북제제)을 선택하는 경우

남한이 강경책을 쓰는 상황에서는 북한은 온건책을 쓸 수 없다. 북한 군부구조상(권력구조상) 남한이 강경책을 씀에도 불구하고 북한이 온건책을 쓰리라 기대할 수 없다. 오히려 북한의 온건파가 제거되고 온건책은 강경책으로 전환되며 전쟁의 위험은 높아진다(-50). 남한의 강경책에 맞서 북한도 점차 강경책으로 변화되고 핵전쟁이 발발할 수 있다(-100).

남한이 강경책을 쓰고 북한도 처음부터 강경책으로 맞받을 경우 금세 핵전쟁이 발생할 수 있다(-100). 이 또한 남북한 모두에게 최악의 시나리오이다. 따라서 남한의 강경책은 남한의 선택지가 될 수 없고 되어서도 안 된다. 평화를 위해서다.

(C) 결론

결국 남한은 온건책(햇볕정책)이 유일한 '우월전략'이다. 그 경우 북한은 온건책으로 화답하여 평화통일이라는 최상의 결과를 선택할 수도 있고, 강경책을 유지하여 체제유지라는 작은 이익을 고수할 수도 있다. (물론, 남한이 온건책을 쓰는 경우, 북한이 강경책을 유지하더라도 온건책을 유지하는 남한에 대해 핵공격을 하지 않는다는 선한 사마리아인의 믿음이 유지된다는 전제가 필요하다). 하지만 이 경우에도 북한의 우월전략은 여전히 '온건책'임은 두말할 나위 없다. 이 경우 대북전략의 유일한 '내쉬균형(Nash equilibrium - 게임이론의 한 개념으로서 각 참여자가 상대방의 전략을 주어진 것으로 보고 자신에게 최적인 전략을 선택할 때 그 결과가 균형을 이루는 최적 전략 집합을 의미)'은 남한 - 온건책(햇볕정책) / 북한 - 온건책이다. 이 내쉬균형에 이르지 못한다는 것은 남한 북한 모두 loss, loss게임(둘다 패자가 되는 게임) 혹은 치킨게임을 하는 것을 의미한다.

남북한은 지금 마주 보는 열차처럼 서로 강경책으로 일관하고 있다. 사람은 몫나누기 게임(사람은 전체 100원 중 남이 90원 받게 하면 자신은 10원을 받아서 이득인 경우에도 차라리 둘다 1원도 못 받는 것을 선택하는 이기적 심리를 보여주는 게임)처럼 본인에게도 이익이 됨에도 불구하고 자존심, 배아픔 등의 비합리적 이유로 종종 '전부 포기'를 선택한다. 지금의 남북 간 대결구도도 이와 다르지 않다. 남북한은 서로에게 이득이 되는 내쉬균형을 버려두고 괜한 자존심싸움을 하다가 핵전쟁이라는 최악의 결과를 선택할 수도 있다. 그 피해는 고스란히 국민과 민족의 몫이다.

이 게임의 유일한 '내쉬균형'인 남한 - 온건책(햇볕정책), 북한 - 온건책(개혁, 개방)을 선택하기를 간절히 바라는 바이다. 우리 후손에게 조상들의 상호불신, 미움과 어리석은 선택의 결과로 핵오염된 폐허의 한반도를 물려줄 수는 없지 않은가. 민족의 미래를 위한 남북한 지도부의 현명의 선택을 촉구한다.

■ 제3의 통일론 - 메타버스 통일정부 혹은 DMZ 제3의 통일국가 건립 후 점진적 흡수합병

상상의 힘은 결국 현실을 이긴다

제3의 통일론 - 남북 DMZ를 생태 보전지역으로 설정하되 이 구역을 영토로 하는 가상의 혹은 실존하는 통일 코리아라는 국가를 설립하여 국가기능을 넓히며 최종적으로는 남, 북을 흡수 합병하는 제3의 방법(상상의 방법?)이다. 한반도의 DMZ에 (국민들의 동의 하에) 남북이 공동으로 새로운 국가를 설립하여 그 국가기능을 점점 더 넓혀 나가 남·북한을 서서히 병합해 나가는 방법이다. 그러면 한쪽이 주도권을 쥐고 통일을 이끄는 데서 오는 다른 쪽의 거부감을 상당부분 상쇄시킬 수 있다. 남·북 모두의 제로베이스에서 국가를 만드는 방법이니 반발할 이유가 적고, 합의할 수 있는 제3의 체제, 새로운 시도들이 기획되고 구현될 수 있는 기회의 장이 될 것이다. 진정한 "건국"의 과정이 될 수 있다.

DMZ의 자연생태계를 최대한 보전하고, 개발은 최소화하며 행정·외교기능 중심의 국가를 만들면 된다. 그곳에서 남북한 주민이 실험적으로 함께 생활하며 문제점을 개선해 나가는 자치국을 만들고 그 영토를 남한으로, 북한으로 넓혀 나가면 된다. 또 다른 대안으로 메타버스상(가상공간상)에 새로운 국가를 만들고 남북 주민들을 거주하게 하며 여러 시행착오를 거쳐 정돈되고 다듬은 제도들을 오프라인으로 꺼내서 적용한다. 선 온라인 통한 시험 적용·개선 ⇒ 후 오프라인 적용의 방법이 될 것이다. 상상력을 동원해 보면 방법은 무궁무진하다. 기회의 장은 활짝 열려 있다. 시도해 보자. 무엇이든. 상상은 현실을 이긴다.

감사합니다